公務員の
会議
ファシリテーションの
教科書

一般社団法人
会議ファシリテーター普及協会代表理事
釘山 健一 著

学陽書房

はじめに

私は会議の専門家として、数々の研修を通じて2000人以上の公務員と関わり、また行政が主催する数多くの会議の場に立ち会ってきました。その中で、頑張っているのに会議がうまくいかずに苦労している公務員をたくさん見てきました。

「市民を集めた説明会で、また激しく糾弾された……」
「働き方改革で業務の効率化に苦労しているが、会議は変わらないまま……ダラダラと時間を浪費させられている」
「こんな会議に意味があるのか…モチベーションが全然上がらない」
「慣れないWeb会議、運営だけでもう精一杯……」

皆さんも、そんな経験ありませんか？　そんな会議に振り回される職員の姿を見る度、「みんなこんなに頑張っているのに、何でこんな目に遭わないといけないんだ！」とくやしい思いを抱えてきました。
会議のやり方を勉強して臨んでいる公務員もたくさんいます。しかし、いくら勉強しても会議が良くならなかったのは、その会議のスキルの方向性が現場に合っていなかったからなのです。

でも、安心してください。従来の常識を覆す「日本型ファシリテーション」で会議が劇的に変わります！
実は、従来のファシリテーションは「欧米型」のスキルでした。「自分から積極的に発言し、ロジカルシンキングを根底に持つ欧米人」と「自分から発言することが苦手で、感覚的に捉える傾向のある日本人」とでは、必要とされるスキルが全く違います。欧米人向けの会議のスキルを、そのまま日本人の会議に当てはめることは無理があったのです。そこで、会議の現場経験から、日本人の特性を踏まえた「日本型ファシリテーション」を14年かけて練り上げました。

本書では、庁内の会議から庁外の会議まで、リアルの会議からWeb会議までを、実践事例も交えて解説しています。

また、本書はベテランから若手まで、会議を変えたい全ての公務員に向けて執筆しました

ファシリテーションを初めて学ぶという人にも、ファシリテーションとは何かという基本からやさしく解説しており、従来のファシリテーションの本で多用されがちなカタカナ語も少ないので、理解しやすいはずです。

また、日本型ファシリテーションという、従来とは視点の異なる新しい会議手法であるため、ファシリテーションは学んだけれどもの足りなさを感じている、実践したもののうまくいかなかったという方にも、役立てていただけるものと思います。

第6章では、近年、存在感を増すWeb会議やコロナ禍における会議の在り方についても、日本型ファシリテーションの視点で詳しく解説しています。

本当の会議は、楽しい！　参加者がイキイキする！
本当の会議は、即効性がある！
本当の会議は、組織を元気にする！

本書を通じて「本当の会議のチカラ」を実感していただけるよう、また、本書が会議を変えたい、まちをより良くしたいと思っている公務員の皆様の一助となることを願っています。

2021年1月

一般社団法人
会議ファシリテーター普及協会
代表理事　釘山　健一

CONTENTS

第2章 会議の基本をマスター！ 明るい会議でまちが、役所が変わる！

第3章 全員発言で時間内にまとまる！ ファシリテーション8のポイント

第4章　必ず合意にたどり着く！ 合意の4ステップ

第5章　実践！ 会議別ファシリテーションのポイント

第6章　待ったなし！　今知っておきたい Webファシリテーション術

公務員の会議のお悩み、
日本型ファシリテーションが
解決します！

CASE 1

全然意見が出ない……静まり返った

「サイレント会議」

議　長「意見のある人はいませんか？」
参加者「…………」
議　長「誰かご意見のある方いませんでしょうか？」
参加者「………………」
議　長（え〜…困ったな、どうしよう。名指しするしかないか）
参加者（意見って言われてもなあ……大したこと言えないし……）
（一番最初は嫌だなあ…誰か先に言ってくれないかな）

とにかく意見が出ない！ 日本人の会議で一番多いのがこの会議です。欧米型であるファシリテーションが日本人に合わないのは、まさにこの点で、自分の考えを積極的に発言する欧米に対し、日本ではそもそも意見が出にくいのです。欧米のスキルを取り入れる前に「発言を促すスキル」が必要です。

発言力の弱い人にも優しい付箋会議のやり方　p.38・60〜69

CASE 2

いつも同じ人ばかりが話している
「〇〇さん専用会議」

議　長「ご意見のある方お願いします」
A課長「私の意見は〜で、〜だから〇〇だと思うんだよね」
議　長「A課長ありがとうございました。ほかにご意見ありませんか？」
Bさん「私の意見は、△△です」
A課長「いや、僕はそう思わないけどな。だって〜で、〜でしょ？」
Bさん「いやいや、A課長はそうおっしゃいますけど……」
議　長（また始まった……。すっかり２人の世界だなあ……）

会議で話すのは毎回決まった人だけ、「また〇〇さんの独壇場か……」とうんざりしている人が多いのがこの会議の実態です。「〇〇さん専用会議」には、「発言力がある人ばかりが発言している場合」「管理職ばかりが発言している場合」の２種類があり、問題の根っこも解決策も全く異なります。

問題の根本的な原因を分析しよう　p.96
発言力の差をなくす付箋会議　p.38・60〜69

CASE 3

会議で決まってもそのあと実行されない「有言不実行会議」

あの会議は今!?
会議に参加した職員
Q. 進捗はどうですか？
どうなんですかねー？

議　長「話し合いの結果、〜に決まりました。おつかれさまでした！」
Aさん（決まったって言われても、そんなの無理に決まってるじゃないか！ 現場のことを何もわかってないな）
Bさん（忙しいのにできるわけないよ……）

—後日—

Aさん「この間の会議で何か決まったよね？ あれ、どうなった？」
Bさん「あー、そういえばあったねー。どうなってんのかねー」

このケースも多いですね。原因は「実行性が低い」「現場が忙しくて取り組むことができない」「そもそも必要性を感じない」「うちのメンバーはやる気がないから」など、いろいろ言われています。しかし、本当の問題はそこではないのです！ 決まったことが実行されないのは、実は会議の進め方の問題です。

決まった結論が必ず実行される方法　p.91
不満が残りにくい結論の出し方　p.88
決まったことは実行！ 究極の合意　p.82

CASE 4

ありきたりな意見ばかり出る「前例踏襲会議」

議　長「本日は、今度のイベントに市民がたくさん参加してくれるようなアイデアを出したいと思います」
A課長「イベントの参加費を安くすればいいんじゃないか？」
Bさん「ポスターやチラシをたくさん作るとかはどうですか？」
議　長（全部どこかで聞いたような意見ばかりだなあ）
Cさん「あっ、だれか大物芸能人でも呼べばいいんじゃないですか？」
議　長（こりゃダメだ…。これじゃあ、今までと何も変わらないよ……）

ありきたりな意見しか出ない原因を、「うちのメンバーは頭が固いから」などと人のせいにするのはやめてください。「ありきたりな意見しか出ないのは、会議の雰囲気がありきたりだから」です。新しいアイデアや画期的な意見がほしいなら、堅苦しい会議ではなく明るく前向きな会議を行うことです。

画期的なアイデアには対話の場　p.36
対話の場に必要な雰囲気づくり　p.51
雰囲気づくりの肝！ 会場設営　p.57
3つの「ない」の法則　p.63

CASE 5

だらだらと時間だけが過ぎてゆく
「人件費無駄遣い会議」

議　長「そろそろ結論を出してゆきたいのですが、どうでしょうか？」
Aさん「私は今議論されていた○案が良いと思います」
Bさん「実は思ってたんだけど、△案はどうだろう？」
全　員（ここで新しい意見出すの！？）
Cさん「それより、もっと□□について話しましょうよ」
Dさん「××を考えることも大事だよなあ…」
議　長（全然まとまる気配がないなあ）

だらだら会議、イヤですよね。「仕事が山ほどあって忙しいのに……」「時間の無駄」「もう帰りたい」とストレスがどんどん溜まります。原因はいくつかありますが、本質的な原因は「結論がなかなか出ない」ことです。日本型ファシリテーションは「とにかく時間内に結論を出す」スキルです。

会議における時間の位置づけ　p.23・25・31
参加者主体で時間を守らせる　p.72
主体性の育て方　p.81

CASE 6

リアルの会議とは何か違う「もどかしWeb会議」

Aさん・Bさん「そういえばさ」「これのことなんだけど」
Aさん「あ、かぶっちゃった！ Bさん今なんて言いました？」
Bさん「いやいや、大したことじゃないのでAさんどうぞ」
Aさん「あ、じゃあ……の件について今日中に……したいんだけど、……についてどう思う？」
Bさん（あー、また電波が悪くて肝心なところが聞こえてないんだけど……。でも、何回も言いにくいなあ）

Web会議にもどかしさを感じていませんか？ 直接で話すのとはやっぱり何か違う。タイムラグや通信の不調といったWeb会議ならではのトラブルや、もどかしさがあります。これらを解決するためには、会議のテクニックだけではなく、環境整備や事前のルール設定も必要になってきます。

Web会議の環境整備 p.131
事前に徹底！ Web会議のルール設定 p.141

日本型ファシリテーションで生まれ変わった会議

ここまでいろいろな困った会議の例を見てきました。
こんな困った会議も、本書で紹介する日本型ファシリテーションを使えば、

・発言力の弱い人も、みんな発言できる！
・明るく前向きで、活発な雰囲気になる！
・結束力が強まり、組織が元気になる！
・必ず時間内に結論を出せるようになる！
・合意形成ができた結論を出せる！
・決めたことを実行できるようになる！

会議に生まれ変わります！
さあ、日本型ファシリテーションを学んで、まちを、役所を元気にしていきましょう！！

第1章

新常識！
お役所会議の常識を覆す

日本型ファシリテーション

会議の新常識！日本型ファシリテーション

ファシリテーションをやってみたけど、うまくいかない……。それは、欧米型ファシリテーションが原因かもしれません。日本人に合った日本型ファシリテーションをオススメします！

従来のファシリテーションが日本人に合わないワケ

本書を手にとってくださった人の中には、「ファシリテーションなら学んだことがあるけど、実際やってみたらうまくいかなかった」「職員同士の勉強会ではうまくいくのに、住民やNPOを交えた外の会議になるとさっぱりうまくいかない」という人もいるかと思います。

実は、**世間一般のファシリテーションは「欧米型」であり、それをそのまま日本で導入してもうまくいかないことのほうが多いのです。**

まず、日本と欧米では参加者の性質が大きく異なります。

- 欧米……自分から発言する、論理的に話をすることに慣れている
- 日本……自分から発言しない、感覚で話すことが多い

この特徴を考慮する必要があります。自分から発言する人が集まった欧米の会議では「出された意見をどのように整理していくか」に重点が置かれますが、**日本の会議の場合、そもそも自分から発言する人が多くないので、まずは「発言させるスキル」が必要となります。**

また、欧米人は「論理的に話をする」ことに慣れている点にも、気を付けなくてはいけません。欧米式のファシリテーションは「ロジカルシンキング」が根底にあり、論理的に話を進め、整理していくスキルとなっています。ロジカルシンキングの場合、大事にされるのは「発言の根拠」です。きちんと根拠をもって発言することが求められます。

しかし、**日本人の場合は「なんとなくそう思う」という発言が多々あります**。これは、根拠をもって話すことが大事とかいう以前の、日本人ならではの大きな特徴です。例えば、自分が発言したあとに、誰かから「いまの発言の根拠を言ってください」と言われたら、どんな気持ちになりますか？ なんだかイヤな気持ちになりませんか？「この人は私の意見に反対なんだろうか？」と感じる人も多いでしょう。これが日本人の感覚です。**「日本人は根拠を問われると傷つく」**のです。

実際、根拠を問うことは悪いことではなく、しかも、別に相手の意見に反対しているというわけでもありません。しかし、そのように感じてしまうのが日本人なのです。「日本型ファシリテーション」は、このような「日本人の心」を見つめて出来上がったスキルです。

会議の○×クイズ

ここでクイズです。次の会議に関する考え方やセリフは○か×か、考えてみてください。

「会議とは意見を言い合う場である」
「会議とは結論を決める場である」
「じっくりと考えることが大事」
「時間を守れなかった責任は議長の進行にある」
「会議の運営の責任は「議長」にある」
「話し合いを急がせてはいけない」
「Web 会議だから大人数でもできる」
「皆さん、ご意見をお願いいたします」
「お手元の資料をご覧ください」
「Aさんの意見についていかがでしょうか？」
「机をロの字型に配置する」
「最高の結論を出すには延長しても仕方ない」
「皆が納得する結論を出そう」

いかがでしたか？ では、これから答えを見ていきましょう。

会議の定義

会議とは意見を言い合う場である

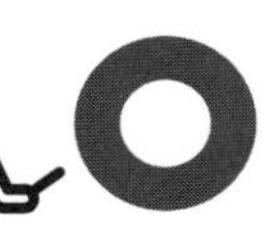

会議とは意見を聞き合う場である

「会議とは意見を言い合う場である」、一般的な会議の定義がこれです。しかし、私はこれを**「悪魔の定義」**と呼んでいます。この定義が会議をダメにしているからです。

会議をかき乱す困ったちゃんの頭の中はこの「悪魔の定義」でいっぱい。「会議は意見を言い合う場なんだから、私が意見を言って何が悪いんだ」と思っています。さらに悪いことに、参加者や議長の頭の中もこの「悪魔の定義」に侵されています。そのため、「この人が発言を始めると会議をかき乱されてしまうけど、会議は意見を言い合う場だから無理に抑えるわけにもいかないし……」と発言を許してしまい、なかなかスムーズに会議が進まなくなってしまうのです。

会議を変えるには、この「定義」から変えなくてはなりません。

会議とは「意見を言い合う」のではなく「聞き合う」場です。人の意見を聞いて自分の意見を深めたり、「他人の意見」と「自分の意見」を合わせてより良い考えをつくり上げたりする場、それが会議です。

そのために必要な姿勢は「自分の意見を通すぞ！」ではなく、「ほかの人の意見をしっかり聞くぞ」という姿勢です。この「聞き合う姿勢」をつくるのに最も適している「付箋会議」の方法は、第３章で紹介します。

会議の定義

会議とは結論を決める場である

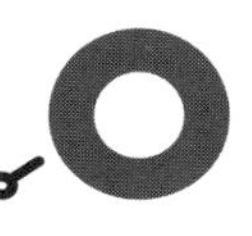

会議とは次の行動を促す場である

会議の問題で多いのが**「決まったことが実行されない問題」**です。「会議とは結論を決める場である」と考えられているので、「結論が出たから、はいおしまい」となってしまっているのが日本の会議の実態です。しかし、いくら良い結論が出ても、実行されなくては意味がありません。この考え方も改めていく必要があります。

会議とは「結論を決める場」ではなく、「次の行動を促す場」です。はじめから、「行動をすること」が目的であるという共通認識をしっかりと持って、会議を始めることが大切です。

行動を促すために大切なのが「楽しく話し合う」ことです。**人の行動原理の根本にあるのは「楽しさ」です**。人は楽しいときに動きます。決まったことを実行するようになるためには、話し合いそのものが楽しく盛り上がることが必要です。そうすることで、話し合ったことが他人事ではなく参加者自身の問題となり、決まったことを実行しようという意識が生まれます。

もちろん、決めたことを実行するようになるには、「担当者」「期日」**「進捗を管理する人」**をきちんと決めることも大切です。

会議の考え方

じっくりと考えることが大事

気楽に考えることが大事

「じっくり考えることが大事」、これも「悪魔の考え」です。この考えが「マジメに、きちんと話し合わないとダメだ」と、会議を堅苦しいものにしています。

じっくり考えることは、もちろん大事です。しかし、あまりそこに捉われすぎると、思いの強い「一部の人だけで考える」ことになります。特に、地域の課題を考えるときに問題となるのが、「地域の人の問題意識が低い」ということです。皆の問題として捉えるためにも、はじめのうちは「じっくり」ではなく「気楽に」考えるようにします。もちろん、「気楽に考えることができない課題」もありますが、その場合も、「堅苦しい雰囲気」ではなく、できるだけ「明るく前向きな雰囲気」で話し合うようにすることが大切です。

なお、「気楽に考える」とはいい加減に考えるということではありません。「楽しく」とか「気楽に」と言うと、「いい加減」というイメージを持たれてしまうことがありますが、決してそうではありません。気楽にというのは、堅苦しくなりすぎないということです。

気楽に楽しく語り合うことで、参加者の意識が高まり、主体的になっていきます。「気楽に考える場」をどんどん開催していくことで問題意識が地域に広まり、それが課題解決の土台となります。

会議の考え方

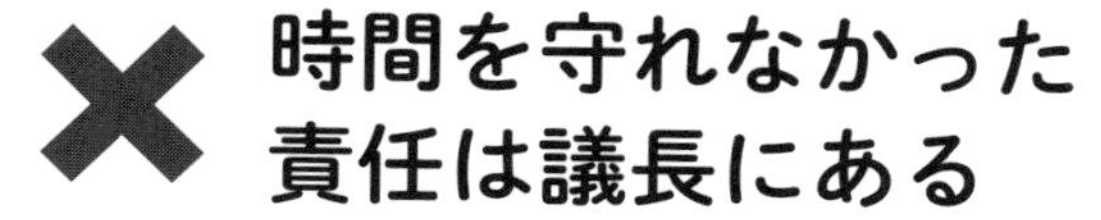

○ 時間を守れなかった責任は参加者にある

はっきり言います。「時間を守れなかった責任は議長の進行にある」という考えが時間を守れない原因です

「時間内に結論が出ない責任は、参加者にあります！」

会議の終了時間の直前になって突然、それまでの話し合いとは全く違うことを言い出す人がいませんでしたか？ その人たちは「私は意見を言うのが仕事。それを時間内にまとめるのは議長の仕事。だから、私は言いたいことを言わせてもらう」と思っています。参加者がこのように思っている限り、時間内に結論は出ません。あなたがファシリテーターでも、会議の参加者であっても、心得ておいてください。

この理解が徹底されると会議の終了時間の直前になって、それまでの話し合いとは全く違うことを言い出すような人は減るはずです。もしそのような人が出ても、ほかの参加者が「残り時間を考えましょう」と抑えてくれるようになります。

時間を守る雰囲気をつくる方法は簡単です。終了時間が迫ってきたら**「そろそろ終了時間なので、新しい意見というより、時間内に結論がまとまるような意見をお願いします」**とはっきり伝えればいいのです。また、会議冒頭で行うアイスブレイクも、参加者主体で時間を守るようになるための仕掛けとして一役買います（72ページ参照）。

会議の考え方

会議の運営の責任は議長にある

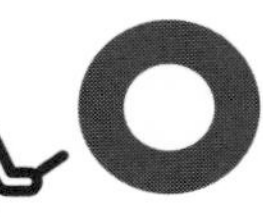

会議の運営の責任は主催者にある

これも世間でまかり通っている大間違いの１つです。

「会議の運営の責任は議長にある」と考えているため、会議のあらゆることが議長の責任になってしまっています。会議の進行役である**議長やファシリテーターは、「会議の進行を担う」役割であり、会議の責任者ではありません。**

では、責任者は誰かというと、それは会議の「主催者」です。例えば、話し合いの最後に、参加者から「ここで出された意見はどうなりますか？」と質問されることがよくあります。この質問に対してファシリテーターが答えている場面をよく見かけますが、これは大間違いです。参加者からの質問に答えるべき人物は、その場を開催した「主催者」です。例えば、市の総合計画を考える話し合いの場を開催したなら、主催者はその市です。この場合、このような質問には主催者である市の職員が答えます。

対話の場を開催するときには、**「主催者」「進行役（ファシリテーター）」「事務局」それぞれの役割を明確にし、分担して取り組むことが大切です。**ところが、自治体が行う会議では、この３つを職員１人で担っているケースがよく見られます。それが会議をダメにしているのです。

会議の考え方

話し合いを急がせてはいけない

時間を守るために急がせる

「時間内に結論が出ない」と困っている人は多くいますが、「時間内に結論が出ない」原因をほとんどの人は理解していません。それは簡単で「話し合いを急がせない」からです。急がせないから、ゆっくり話し合ってしまい時間内に結論が出ないのです。

会議には「できるだけ良い結論を出す」と「時間内に結論を出す」の２つの価値観があります。一般的に「できるだけ良い結論を出す」という価値観が「時間内に結論を出す」という価値観より上位に設定されています。だから、話し合いを急がせることができず、時間が守られないのです。この価値観を逆転させてください。**「できるだけ良い結論を出す」ことより「時間内に結論を出す」ことを上に設定します。**

ファシリテーターは、時間が迫ってきたら「もう時間がありません。テンポを上げて話し合っていきましょう」と繰り返し呼びかけましょう。「そんなことをしたら、焦ってしまって良い結論が出せないのでは……」と思いますか？　いえいえ、大丈夫です。人間の脳は優秀で、あまり時間がないならないで、その時間内に結論が出るように頑張って回転するようにできているのです。私の長年の経験から言っても、**「じっくり時間をかけて話し合ったときの結論」と「急いで話し合ったときの結論」は、その質に大きな差はありません。**

会議の考え方

Web会議だから大人数でもできる

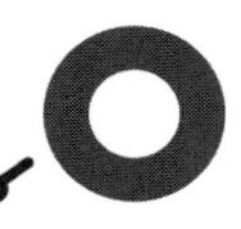

Web会議は少人数でやるもの

「Web会議は会場も用意しなくてもいいし、人数を制限しないで大人数でできる」

Web会議について、このような勘違いをしている人が多くいます。実際の**Web会議は、その特性上、リアルの会議より言いたいことが言いにくく、発言しない（できない）人が出やすくなります。**人数が増えてしまうと、そのような人がさらに増えます。セミナーや講義なら参加人数が多くても問題ありませんが、「話し合いの場」としては、人数は少ないほうがいいのです。

Web会議は、少人数で、かつ「いつもの」メンバーでやる会議に最も適していると言えます。人間関係がすでにできていて、コミュニケーションに問題がないことが前提です。何人がいいかは、そのメンバーの人間関係や議題にもよるので一概に言えませんが、Web会議はできるだけ少ない人数で行うのがよいでしょう。

今後、Web会議を進行するWebファシリテーターになろうという人は、Web会議のこういった特性や、第２章で説明する「会議の基本的な考え方」を理解した上で取り組んでいただきたいと思います。Web会議の詳しい特性や具体的な進め方については、第６章で詳しく説明していきます。

会議のセリフ

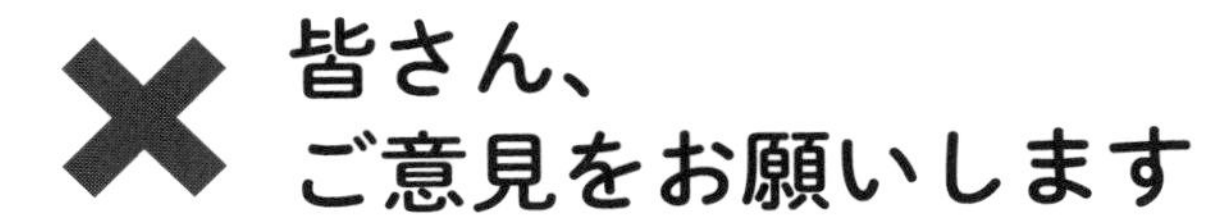

**○ 思ったことを
紙に書いてみてください**

「皆さん、ご意見をお願いいたします」

ファシリテーターが100％言うお決まりのセリフです。……が、**このセリフ、危険です！**

このセリフを言うと何が起きるかと言うと、会議をかき乱す困ったちゃんが真っ先に手を挙げ、ほかの人は手を挙げないという事態が起こります。つまり、困ったちゃんに発言を促していることになるのです。

「ファシリテーターが発言を促すのは当たり前」という常識を捨て、このセリフを安易に使うことはやめてください。会議を変えるには、**「口で話す会議」から「書き出す会議へ」の変革が**必要です（37ページ参照）。「ご意見をお願いします」は、口で話す会議を展開するフレーズです。

書き出す会議に変えていくには、「このテーマについて、付箋に書き出してください」とか「お手元のA4の紙に箇条書きで書いてください」という指示を出しましょう。この指示は「困ったちゃん対策」にもなっています。口で話す会議では元気に暴れまわる彼らも、書くことをベースにした会議ではだいぶ落ち着きます。それだけでも、話し合いがとてもやりやすくなるので試してみてください。

会議のセリフ

✕ お手元の資料をご覧ください

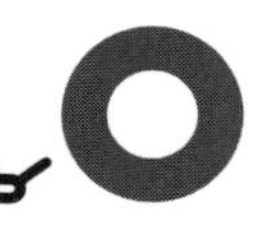

〇 グループに１枚配布した資料をご覧ください

「お手元の資料をご覧ください」このセリフも、会議で必ずと言っていいほど耳にしますね。しかし、この指示がある致命的な問題を引き起こしています。

合意形成をはかるとき最も大切なことは、参加者が「一体感を持って話し合うこと」です。しかし、「お手元の資料をご覧ください」と指示すると、当たり前ですが、皆下を向いてしまいます。これによって、各自が自分の世界に入ってしまい、「分離感」が生まれてしまうのです。この分離感が「自分の意見」に捉われる雰囲気をつくり、合意形成の邪魔をします。

そこで、一体感をつくる、最も簡単な方法をご紹介します。

「グループをつくり、資料はグループに１枚だけ配る」

これだけです。すると、必然的に１枚の資料を皆で見ながら話し合うことになるので、一体感が生まれます。せっかくグループをつくっても、資料を１人１枚ずつ配ってしまうと、そこで分離感が生まれてしまうので注意してください。

なお、話し合いの最後には、忘れずに１人１枚ずつ資料を配るようにしてください。

会議のセリフ

Aさんの意見について
いかがですか？

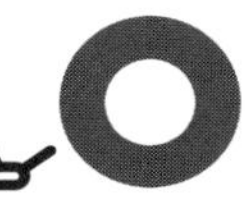

～という意見について
意見はありますか？

「名指しをする」行為は絶対にやってはいけません！

会議の修羅場を経験したことのある人であれば、「名指し」しながら話し合いをすると対立が生まれるということを身に染みて学んでいます。一度生まれた対立を解消することはとても大変です。

しかし、実際の会議の現場では「名指し」をしてしまう人が多いのも事実です。そういう人たちは、まだまだ会議の場で痛い思いをしていないのだろうと思います。**「個人と発言内容を分離する」**ことは会議において基本的中の基本、かつ絶対的な原則です。この基本を守らないで、「会議で対立が起きてしまう」と嘆く人のなんと多いことか……。

たしかに、「～という意見についていかがでしょうか」と内容を読み上げるよりも、「Aさんの意見」としたほうが一言で済んで楽です。だから、つい名指しをしてしまいがちなのですが、それでは会議はうまくいきっこありません。「急がばまわれ」で名指しは避けましょう。

名指しを避ける簡単な方法が、付箋会議です（やり方は第３章参照）。付箋にそれぞれ意見を書いてもらい集めるやり方ですが、このとき付箋に名前は書きません。付箋を使って話すことで、必然的に「個人と発言内容を分離」し、内容について話し合うことになるのです。

会場の設営

机をロの字型に配置する

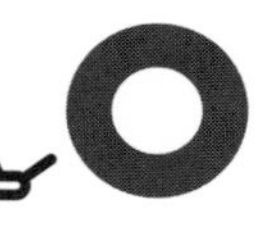

机をグループ型に配置する

「ロの字型」や「コの字型」の机の配置は、参加者の「分離感」を生む配置です。原因は中央の空間にあります。あの空間は、目に見えない「壁」なのです。ロの字型の机の配置のとき、向かい側の人とは何となく話しづらく、隣の人とばかり話をしてしまいませんか？

例えばまちづくりの現場を見ていても、川が流れていると、川を渡ってすぐ近くの人でも「川向こうの人」と「川のこちら側の人」と意識してしまう傾向があります。隙間があると一体感が生まれにくく、「あっちの人」と「こっちの人」というように、なんとなく区別してしまうのです。これでは一体感は生まれません。

一体感をつくるために最も適しているのが、机を２台並べ、グループをつくるように配置することです。１枚の資料を共有しながら、グループの人と頭を寄せて話し合う様子は、まさに一体感が表れています。**合意形成は一体感の中でなされるものです。**

グループの配置も、全体の一体感をつくるため**「ゆったりと余裕を持って」ではなく「グループとグループの間は狭く」**します。ファシリテーターが一目で見渡すことができ、どこかのグループの笑い声が全体に響くくらいの距離が一体感をつくります。なお、感染拡大防止に配慮した机の配置は、154ページで説明します。

会議の結論

最高の結論を出すには延長しても仕方ない

そこそこの結論でいい

「最高の結論」にこだわることで起きる一番の弊害は「時間を守らなくなる」ことです。「最高の結論を出そう」と考えてしまうと「そのためには延長しても仕方がない」と時間に対する甘さが生まれます。

時間を守ることと最高の結論を出すことのどちらが大事かは、会議の目的を考えればすぐわかります。会議は課題を解決したり、まちや組織を元気にするための手段です。最高の結論を求めてダラダラと話し合うより、スピーディーに結論を出して実行することを優先したほうが、組織はアクティブで元気になります。そこそこの結論でもそれを皆で実行して、うまくいかなかったら、また話し合って修正していく。そういう会議の使い方が元気な組織をつくる秘訣です。最高の結論とはリスクを極限まで削った結論のことです。最高の結論を100点とすると、そこそこは70点くらいになります。少しリスクが大きく感じるレベルですが、「とにかくやってみよう」という雰囲気を大切します。

そもそも、**結論とは「時間内に出た結論」のことです。**ですから、**会議は「時間がきたら多数決で決めていい」**のです。ただし、そこに参加者が納得するには「多数決までに、各自が自分の思いを自由に語ることができている」という条件があります。これは、付箋に自分の思いを書き出してもらう附箋会議で実現できます。

会議の結論

❌ 皆が納得する結論を出そう

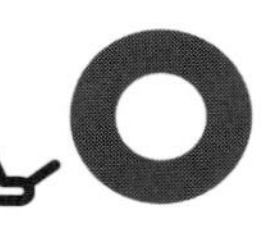

⭕ 「仕方ないね」が最高の結論

「皆が納得する結論を出そう」。この言葉は会議の合言葉のようになっていますが、**「皆が納得する結論」なんてものは、そうそうあり得ません。** 話し合いの最後に、大半の参加者が「賛成」でまとまっても、一人だけ「反対」に手を挙げる人がいます。「できるだけ多くの人が納得する結論を出そう」が正しいのです。

「仕方ないな。なら、そうことにしよう」という言葉が出たとき、「あれ、まだ納得していないんだ。じゃあ、納得してもらえるまで、もっと話し合わないとダメだ」と思う人がいます。しかし、そうではありません。

数多くの会議の修羅場をくぐってきた経験から言わせてもらえば、**「仕方ないね」は最高の合意の言葉です。** 会議が揉めに揉め、手の付けられない状態になったとき、どちらからか「まあ、仕方ないか」という言葉が出たときのなんと嬉しいことか。これは納得はしていないけれど、「合意した」ということです。

皆が納得する結論は出ません。できるだけ多くの人が納得するように話し合い、最後は「納得していない人」も実行することについては「合意」してくれること、それが会議のゴールです。

第 2 章

会議の基本をマスター！

明るい会議でまちが、役所が変わる！

サラバ！　お役所会議
会議から対話の場へ

公務員の皆さんから、たくさんの会議の相談を受ける中で、「そもそも、それは会議ではないですね」と言うことがよくあります。まずは話し合いの５つのレベルを見ていきましょう。

それ、本当に会議ですか？

世間で「会議」や「話し合い」と呼ばれているものは、次の５つのレベルに分けることができます。レベル１が最も簡単で、レベル５が最も難しいです。レベル１～５をまとめて「会議」や「話し合い」と呼んでしまっていますが、実は「話し合い」と呼べるのはレベル４以上のものだけです。本書で紹介するスキルも、どのような場においても役立ちますが、レベル４以上で真価を発揮します。

• レベル１　連絡・報告会（共通認識を持つ場）

連絡・報告会は会議ではありません。「話し合って、よりよい結論を導き出し、皆で合意していく場」ではなく、参加者が「共通認識を持つ場」です。

• レベル２　説明会（理解を求める場）

説明会とは「やることを徹底してもらうため、理解してもらう場」です。会議とは言えませんが、説明会を苦手とする公務員は多いです。実際、特に市民を集めた説明会がうまくいくことは、ほとんどないのではないでしょうか。本書で紹介する日本型ファシリテーションを活用すれば、今までとは見違えるような説明会となります（住民説明会については106ページ参照）。

- **レベル3　参加者の意見を聞く場**

参加者の意見を聞く場、実はこれも「会議」ではありません。

例えば、市民の意見を聞く場では、職員は市民の意見を聞くことを仕事と考えて自分の意見をできるだけ言わないようにします。市民からの質問に答える質疑応答はありますが、基本的に職員は聞いているだけで、市民と行政が話し合っているわけではありません。

- **レベル4　意見を言い合う場（会議）**
- **レベル5　思いを語り合う場（対話）**

レベル４でやっと意見を言い合う場（会議）が登場します。自分の思いを言い合う、まさに「話し合いの場」です。ファシリテーションとは、このレベル４以降でこそ活用されるスキルです。

会議と対話の場、どう違う？

新しい会議の考え方は、古い会議の考え方と180度違います。つまり、正反対です。いくら現状の会議を良くしようと頑張っても、頑張る方向性が違っていては良くなりません。

いま、会議に悪いイメージがついてしまったため、会議ではなく「対話の場」という言葉を使い、新しい話し合いの場をつくっていこうという流れになっています。本書におけるファシリテーションは、話し合いを「会議から対話の場へ」変えるスキルといえます。

会議と対話の場の違いをシンプルに定義すると、**会議は「意見を言い合う場」、対話の場は「思いを語り合う場」です。**

「会議」では発言の根拠が必要であるため、なにか思いついたことがあっても発言に慎重になります。また、発言内容に責任が問われるために、意見を言いにくいのです。

一方、**「対話の場」では、発言の根拠がいらない**ため、「なんとなく」や思いつきで気楽に発言ができ、また責任が問われないため、尻込みせずに自由に発言ができます。

このような特徴があるために、「会議」では重苦しい雰囲気になりがちですが、「対話の場」では、皆プレッシャーから開放され、生き生きと思いを伝え合うことができます。

楽しく、人に優しい社会をつくる

これからは堅苦しい会議ではなく、もっと気楽に自分の思いを語り合える「対話の場」が求められてきます。

私は「対話の場が社会を変える」と考えています。もっと言うなら**「楽しい対話の場が、楽しい社会をつくる」**、そして**「人に優しい対話の場が、人に優しい社会をつくる」**のです。堅苦しい会議は、ほとんどが「一部の人しか発言しない（できない）」人に冷たい場です。そんな人に冷たい場でいくら話し合っても、明るく人に優しい社会はつくれません。

公務員の皆さんは、ぜひ「会議のスキル」だけではなく「対話の場のスキル」を学ぶことを意識してみてください。そして、「『楽しい』対話の場のスキル」を学んでください。

ただし「会議はダメだ」と言っているわけではありません。「対話の場」と「会議」の違いを理解して、使い分けていくことが大切なのです。現実的に、全ての会議を「対話の場」に変えることはできません。対話型の話し合いは会議よりも時間がかかるからです。ですので、**重要なことを話し合うときに、本書で紹介する「日本型ファシリテーション」を活用した対話の場にするようにします。**例えば、総合計画とか組織改革について考えるといった場合です。今までの会議では出なかったような独創的で画期的なアイデアが次々と生まれ、組織やまちの元気につながるはずです。

会議の３つの種類

会議は大きく「空中戦会議」「随時記録型会議」「付箋会議」の３つに分けることができます。この３つを理解すると会議の全体像が見えてきます。

ほとんどの会議はコレ！「空中戦会議」

空中戦会議は、参加者が自分の思いを「口に出す」典型的な会議のことです。この、**「会議＝口に出して話す場」という常識を壊してください。**この間違った常識のために「話し合いがまとまらない」「テーマから逸れる」「自分ばかり話をする困ったちゃんが生まれる」という問題が生まれていました。困ったちゃんは口が達者で、「口に出す会議」は得意中の得意です。逆に、発言力の弱い人はなかなか発言できません。

空中戦会議には、講義形式で机を並べる「学級会方式」、ロの字型に机を並べる「ロの字型会議」、「Web 会議」の３つがあります。**メリットの多い Web 会議ですが、本質的には「空中戦会議」であり、発言力の差がより顕著になるため、発言力の弱い人に最大限配慮することが大切であることを押さえておいてください。**Web 会議については、第６章で詳しく解説しています。

これからは口で話す会議からの脱却を目指し、新しい会議のやり方「日本型ファシリテーション」に挑戦していきましょう。

なお、空中戦会議には「話したことを書き出さない」という意味もあります。発言を板書することなく話をすること、これも大問題です。

一歩進んだ「随時記録型会議」

「随時記録型会議」は、発言をホワイトボードや模造紙に書き出し、それを見ながら話し合う会議です。可視化することで**「意見や話し合いの流れが整理され、わかりやすくなる」「テーマから逸れにくくなる」「話の流れが記録に残る」などのメリットがあります。**

最もポピュラーなものが、ホワイトボードを活用した会議です。随時ホワイトボードに発言を記録し、その記録を見ながら話し合うことで話し合いの質が上がります。

しかし、役所の会議はホワイトボードが定着しておらず、ホワイトボードを導入しようとしても反対されることも多々あります。新しい会議の手法を導入するコツは第5章で紹介しますが、「会議のやり方を変えるのは、ファシリテーターではなく組織のリーダー」であることは押さえておいてください。反対が出そうな場合は特に、管理職が主導して変えていくようにします。

主体性を引き出す「付箋会議」

会議を変える第一歩は「空中戦会議」を「随時記録型会議（ホワイトボードを活用した会議）」に変えることです。しかし、**随時記録型会議も「発言力の弱い人に優しくない」という問題点があります。**随時記録型会議も、基本的には口で話す会議だからです。

発言力の弱い人にも優しい会議にするには、日本型ファシリテーションを活用した「付箋会議」がオススメです。簡単に言うと、参加者に意見を付箋に書き出してもらうやり方です（詳細は第3章参照）。

ホワイトボード会議と付箋会議の大きな違いの1つは、発言した本人が書くかどうかです。ホワイトボード会議では、板書係が書きます。付箋会議では、発言したい人が自分自身で書きます。この違いが会議の質を大きく変えます。他人が書く場合は「どのように書かれるかなあ……」と他人事のように眺めることになります。「眺める」、これは受け身の姿勢です。しかし、自分で書く場合は「自分で」考えます。この「自分で」というところがポイントです。主体的か、受け身かが会議の質を変える分かれ道です。

第４章で詳しく書きますが、**合意形成は参加者が主体的でないとできません。参加者の主体性を引き出すためには、「自分で書く」ということがとても大切なのです。**

ホワイトボード会議と付箋会議のもう１つの違いは、ホワイトボード会議は発言が出てから書くのに対し、付箋会議では**発言する前に書く**ことです。発言する前に書く、これこそ付箋会議が発言力の弱い人に優しい理由です。

発言力の弱い人の多くは「自分の意見をうまくまとめて話すのが苦手」な人たちです。こういう人に「ご意見がある方はお願いします」と言ってもなかなか難しいのです。付箋会議では、テーマが出たら、まず自分の考えを付箋に書き出すようにします。発言の前に書き出すことで、自分の考えを整理できるので、発言しやすくなります。

今行っている会議を「このやり方は、発言力の弱い人に優しいやり方だろうか？」という視点で見るようにしてください。そうするといろいろな問題点が見えてくるはずです。

また、付箋会議と聞いて「それならすでに実践している」と思った人も多くいるかと思います。しかし、「しっかりした意見を持っている」人向けである一般的な附箋の使い方と日本型ファシリテーションの付箋の使い方は大きく異なるので、60 ~ 69 ページで紹介する付箋の扱いをよく確認するようにしてください。ほとんどの場合、もったいない付箋の使い方をしています。

付箋は、単なる「似たものを集めて、見出しを付ける」ための「意見を整理するグッズ」ではなく、**「主体性や可能性を引き出すグッズ」**なのです。本書で紹介する付箋の扱いは、付箋の良さを最大限に引き出す使い方にもなっています。

ファシリテーションってなんだ？

ファシリテーションの基本の定義と、本書におけるファシリテーションの定義を説明します。はじめてファシリテーションを学ぶ人も、もう知っているという人も確認しておいてください。

ファシリテーションの２つの定義

ファシリテーションには「会議の進行役のスキル（狭義）」と「組織や人を活性化し促進させるスキル（広義）」の２つの定義があります。本書で紹介するスキルは、「会議の進行役のスキル」のほうです。広義の定義には、例えば、市町村の行政職員がまちづくりに関わる中で地域住民との調整をするためのスキルが該当します。ファシリテーションについて学ぶとき、この２つがごちゃごちゃになって語られていることがよくあるので、注意してください。

また、この２つはそれぞれ独立したスキルなので、分けて学ぶようにしてください。明確に分けつつ、その上で「対話によるまちづくり」の実現のためにこの２つをどのようにリンクさせていくかを考えるようにします。

楽しい会議のテクニック

私は、ファシリテーションを次の一言で定義しています。

「楽しい会議のテクニック」

これだけです。「楽しい会議」という言い方が軽いと感じる人は、「明るく前向きな会議のテクニック」と言い変えても構いません。これでも、まだ軽いという場合は、「参加者の主体性と能力を引き出す会議のテクニック」としてください。結局、全部同じ意味です。

大事なことは、定義に合わせて会議をすることではなく、会議が良くなるように進めることです。日本型ファシリテーションでは、会議を「楽しくやる」ことに重点を置いています。「楽しい会議」には、次のような素晴らしい効果があります。

- 楽しいと、人は主体的になる
- 楽しいと、人はどんどん発言する
- 楽しくてどんどん発言していると、それぞれの秘めた可能性がどんどん引き出される
- 楽しく話し合うと、決まった結論を自ら実行するようになる

ファシリテーターってなんだ？

「ファシリテーションのスキルを実践する人」のことをファシリテーターと呼びます。つまり、ファシリテーターは会議の進行役のことで、従来の会議における議長に当たります。ただし、同じ会議の進行役でも、議長とは、「ファシリテーションのスキルを持っているかどうか」という点で違うことを理解しておいてください。

また、ファシリテーターを管理職が担っているケースがよくありますが、オススメしません。自分の思いを皆に示さなくてはならない管理職と、自分の意見を言わない、中立の存在であるべきファシリテーターは、役割的に相容れないからです。日本型ファシリテーションは誰でもできるので、リーダーとファシリテーターを分ける点にさえ気を付ければ大丈夫です。

なお、管理職が議長を務める分には問題ありません。管理職には、組織をマネジメントし、その組織の目的を達成させるために導く役割があります。そのために、自分の思いを語りながら、話し合いを進める会議が必要なときもあります。その場合は、できるだけ参加者の意見を聞き出し、大切にしながらも、自分の思いを語って構いません。

日本型ファシリテーション 9の特徴

ここまで会議について分析してきました。これらの分析と現場における14年間の実践をもとにスキル化したのが、日本人に合った会議のやり方「日本型ファシリテーション」です。

ここが違う！ 日本型ファシリテーション

具体的な方法論の前に、日本型ファシリテーションの９つの特徴を簡単に紹介します。

① 明るく前向きな雰囲気づくりで発言を引き出すスキル

日本の会議の最大の問題点は堅苦しいのが当たり前になっていることです。堅苦しい雰囲気の中で発言できる人はなかなかいません。発言力の弱い人はなおさらです。ところが、「組織にとって大切なことを話し合うのだから、まじめに、きちんとすべきだ」という暗黙の了解があるのです。前向きで楽しい雰囲気の中で主体性が生まれ、発言力の弱い人でも発言しやすくなります。「日本型ファシリテーション＝楽しい会議のテクニック」です。

② 付箋を「もっと」効果的に使うスキル

発言力の弱い人の発言を引き出すには、付箋が効果的です。「付箋を使った会議なら既にやっている」という人も、まだ付箋の本当の力を引き出し切れていません。付箋と模造紙を使った、日本人に合ったやり方をスキル化しています。詳しくは第３章で説明します。

③ 主体性を引き出すスキル

欧米型は参加者が自分から発言する、つまり「主体性がある」ことを前提にしたスキルになっていますが、なかなか自分から発言しない日本人の場合、「主体性がない」ことを前提にしたスキルでなければなりません。まちづくりのように地域の一般の人を集めて話し合う場合は特にそうです。人が主体的になるとき、それは「楽しいとき」です。そこで、日本型ファシリテーションでは雰囲気づくりにかなり力を入れています（雰囲気づくりは51ページ参照）。

④ 感覚的な話し合いのスキル

日本人は、論理的に話すことに慣れていません。なので、ロジカルシンキングで大切にされる**「根拠を問いかける」ことをすると、喧嘩になりかねません。**根拠を出し合うと、「私は○○だから正しいんだ！」と自分の正しさを主張し合うことになり、相手の考えを尊重する姿勢にはならないからです。

もう１つの日本人の特徴に、「反対意見を冷静に受け止めることができない」ことがあります。日本人は意見の内容と発言者の分離が苦手なので、意見に反対されているだけなのに、人間性を否定されているように感じてしまい、反対意見に過剰に反応してしまいます。

このように、**感覚的に話し合う傾向がある日本人に適したスキル**が付箋会議です。付箋を使うことにより、根拠がある意見もない意見もまとめて整理できます。会議で重要なことは、「根拠を出し合ったか」ではなく、「参加者が思いを自由に話し合ったか」なのです。

また、感覚的な日本人には、明るく前向きな雰囲気が大きく影響します。明るく前向きな雰囲気のときに主体性が生まれ、結論をまとめるように発言していくようになります。

なお、論理的に話し合うべきか感覚的に話し合うべきかは、会議の内容によります。例えば、問題解決のために話し合う場合、原因分析はロジカルにやらないと「漏れ」や「落ち」が出ます。一方、解決策を考える場合は、感覚的に考えることも重要です。なぜなら、**論理的に**

考えて出てくる解決策はありきたりなものになりがちだからです。

⑤ 結論を出すスキル——合意形成に特化したスキル

一般的に行われる付箋を使った会議やワークショップの問題点は、意見を出し合っただけ、「こんな意見が出た」という共有だけで終わってしまう点です。会議の目的が意見を共有することなら構いませんが、本来、会議とは結論を出す（合意形成）までが目的です。日本型ファシリテーションは参加者の合意を形成し、きちんと結論を出すことができるスキルです。合意形成については第４章で解説します。

⑥ 誰でもできるスキル——話術ではなく「物と仕掛け」

私は「まちづくりの話し合いの進行をプロのファシリテーターに依頼しているうちは、地域が自立しているとは言えない」と考え、日本中にファシリテーターを増やしていくことを目指しています。そこで、日本型ファシリテーションは誰でも使えるスキルになっています。

「私は口下手だから会議の進行役はできない」と言う人がよくいます。しかし、本書で紹介するファシリテーションは話術を使わない、付箋や模造紙、マジックといった「物」と「仕掛け」を使ったスキルです。話術を身につけるより、断然カンタンです。

⑦ グループ内の進行は「進行係」を決めて行う

一般的にはメインファシリテーター（前に立って、全体の進行をする人）とグループファシリテーター（各グループで話し合いを進行する人）で進めますが、このグループファシリテーターが話し合いを頑張って仕切ろうとすればするほど、参加者の主体性がなくなります。実際に現場を見ていると、グループファシリテーターが率先して付箋を動かしたり、マジックを持って丸をつけたり見出しをつけたりと忙しくしていて、グループの人たちはその様子をただ見ている、ということがよく起きています。これではダメです。

そもそもファシリテーションとは、「意見の整理を自分たちで行う

ことによって主体性を引き出していくスキル」なのです。そこで、グループファシリテーターではなく、グループの「進行係」を決めて行うようにしています（進行係はじゃんけんで勝った人がやります）。進行係は、あくまで一参加者として「口火を切る」形で話し合いを進めていきます。

⑧ 協働のまちづくりに最適

日本型ファシリテーションは、日本人の特性、特に**「発言力が弱い人」のことを考えたスキル**です。どんな会議の場面でも活用できますが、特に力を発揮するのが、「まちづくりの現場」です。

私は、会議で結論を出すことだけではなく、楽しく話し合うことで「まちづくりについて語り合うことの楽しさ」に気づいてもらうことも大切だと考えています。まちづくりについて「語り合うことが大事」なのではなく**「楽しく語り合うことが大事」**なのです。

「楽しく語り合う」ことにより、若者や女性もまちづくりの話し合いに参加しやすくなります。また、「皆でこの地域を良くしよう」という思いや一体感が生まれます。建前だけではない、本当の協働を実現するスキルが楽しさを大切にした日本型ファシリテーションです。

⑨ 対立を起こさないで話し合うためのスキル

欧米型と日本型の決定的な違いは、「何を目指したスキルか」というところにあります。欧米型は「対立が起きた現場を収める」ためのスキルであるのに対し、日本型ファシリテーションは、**「対立を起こさないで話し合うためのスキル」です。**

私はいつも、「対立した考えを会議だけで何とかしようとしてはいけない」と話しています。会議は万能ではありません。あくまで「対立を解消するためのたくさんの手段のうちの１つ」なのです。対立を収めるために必要となるのは「会議のスキル」ではなく、「問題解決のスキル」なのです。

COLUMN

ワールドカフェをやるならこんなふうに

いま、ワールドカフェが広まっています。その名の通り欧米型の会議手法です。NPOや行政職員、学生、そのほか主体性のある人の集まりで行うのには適したやり方ですが、次の2点に注意すると、より質の高い話し合いができるようになります。

ただし、ワールドカフェは、主体性があまりない人や発言力が弱い人には向いている話し合いとは言えないので注意してください。

・ロの字型ではなくコの字型に座る

ワールドカフェでは、机を囲んだ人たちがそれぞれ自分の向きで書くので、他人の書いたものがとても見にくいのです。書き出したものを見ながら話し合いを深めるには、ここが大きな問題です。

そこで、参加者はロの字型ではなくコの字型に座るようにします。そうすると、書く方向が同じになるので読みやすくなります。

・グループを変えないワールドカフェもやってみる

ワールドカフェの特徴に、グループが何回か変わることがあります。理屈はわかるものの、あまりにも1つのグループで話す時間が短いので「もう少しじっくり話がしたかったなあ」と思ったり、新しい人とどんどん話すことになるので「新しい人と接すると緊張する」と疲れてしまったりする人も多いのが実態です。

グループを変えることにこだわらないで、たまにはグループを変えないワールドカフェをやってみるのもオススメです。

第3章

全員発言で
時間内にまとまる！

ファシリテーション
8のポイント

日本型会議の流れと必要なもの

本章では、日本型ファシリテーションの基本的なスキルを具体的に説明していきます。基本といってもあなどるなかれ。実践すれば、会議が劇的に変わることは間違いありません。

日本型会議の流れ

具体的な説明に入る前に、「まだ会議を仕切った経験があまりない」という人のために、日本型会議の流れの例を紹介します。なお、本書では、「日本型ファシリテーションを使った会議」を「日本型会議」と呼称します。また、経験のある人は「普通の会議とあまり変わらない」と思われたかもしれませんが、大丈夫です。ここで紹介するのはあくまでも基本的な流れですし、それぞれの段階における日本型ファシリテーションならではのスキルやコツが盛りだくさんです。

繰り返しますが、あくまで基本的な流れなので、それぞれの会議の実態に応じて臨機応変に対応するようにしてください。

■日本型会議の基本的な流れ

【庁内：部署内の会議の例】

① はじめの挨拶（1分）

② グループごとに近況報告（1人1分、計10分）

③ テーマの説明（3分）

④ 付箋への書き出し（5分）

⑤ グループで共有（20分）
⑥ グループで絞込み（20分）
⑦ グループ発表（1グループあたり2分）
⑧ 全体投票（8分）
⑨ 講評（3分）
⑩ おわりの挨拶

【庁外：実行委員会の会議の例】
① アイスブレイク（10分）
② 主催者のはじめの挨拶（1分）
③ グループの自己紹介や近況報告（1人1分、計10分）
④ テーマの説明（3分）
⑤ 付箋への書き出し（説明を含み10分）
⑥ グループで共有（説明を含み30分）
⑦ グループで絞込み（30分）
⑧ 休憩（10分）
⑨ グループ発表（練習5分、1グループあたり2分、計20分）
⑩ 全体投票（8分）
⑪ 講評（3分）
⑫ 主催者のおわりの挨拶

日本型会議に必要なもの

日本型会議に必要な持ち物のチェックリストを次ページに掲載しました。こちらも臨機応変に対応してください。

日本型会議　準備チェックリスト

会場設営

□ホワイトボード（３台以上推奨）

□ホワイトボード用マーカー（黒・青・赤の３色）

□大きめの壁かけ時計

□お茶　□テーブルクロス

事前に各グループの机にセットしておくもの

□お菓子と盛り合わせ用の皿（グループの数）

□実物の資料

□黒いサインペン（附箋に意見を書く用）（人数分）

□Ａ４コピー用紙（参加者数×２）

□Ａ３コピー用紙（グループの数×３）

□８色セットの太い水性ペン（模造紙に書く用）（グループの数）

□附箋（２色を各グループに）（できれば150×100mmなどの大判）

□タイマー（グループの数）

□共有用の模造紙（四六判）（グループの数）

□投票用の模造紙（四六判の半分のサイズ）（グループの数＋１）

□投票用の赤い丸シール（直径1.5㎝程度）（参加者数×３）

運営で使うもの

□セロテープとハサミ　□受付名簿

□ガムテープ（模造紙を貼り付ける用）

□名札ケースと名前を書く紙

□指示棒

雰囲気づくり15の方法

日本型ファシリテーションの基本は、なんといっても「雰囲気づくり」です。この基本が大切です。どんな会議であっても、明るい雰囲気をつくることを心掛けてみてください。

〈第１段階〉開始前の仕掛け

対話の場を成功させられるかどうかは、雰囲気づくりにかかっています。ここでは、まちづくりの会議など庁外の会議で役立つ雰囲気づくりの15の方法を、３つの段階に分けて紹介します。なお、庁内の会議を含めどんな会議であっても、明るい雰囲気が大切です。暗く硬い雰囲気で会議をやるメリットは１つもありません。ファシリテーターや司会が明るい口調で話す、会場設営の工夫など、庁内の会議でもできることはたくさんあるので、意識してみてください。

また、「雰囲気づくり＝アイスブレイク」と思っている人も多いかと思いますが、実は、アイスブレイクは数ある雰囲気づくりの方法の１つにすぎません。では、順番に見ていきましょう。

① 目的を明確にする

一般的な対話の場の目的は「市民の意見を聞くこと」と思われています。しかし本当は、対話の場は市民も行政も一緒になって語り合う場です。「市民の意見を聞く」ことが目的ではなく「語り合う」ことが目的なのだから、一方的に市民の意見を聞こうとするのではなく、行政側も自分の思いをきちんと話し、語り合うことが大切です。

② 楽しいチラシを作る

行政的な視点でもう一つ忘れてはいけないのが人材育成、つまり、「まちづくりって楽しい！」という人を増やすという目的です。

一番はじめの雰囲気づくり、それはチラシです。楽しいチラシにすることで、「お、今度のは今までの会議とは違って楽しそうだな」と感じて、来てもらうことが第一歩です。お役所のチラシによくある、固くて温かみのない文字だけの告知文にはしないでください。

③ 多種多様な参加者を集める

会場の雰囲気を決めるのは、何といっても参加者です。まちづくりの会議を開催すると、参加者のほとんどが年配の男性ということが起きがちです。それだけで、場の雰囲気が硬くなります。**若者や女性にも参加してもらえるような工夫をしましょう。**
そのために最も大切な工夫が、「楽しくやる」ことです。言い切りますが、若者や女性は楽しくないと参加しません。また、子育てママさんの参加を促すために、子どもが遊べるキッズスペースをつくるなどの工夫も必要です。できるだけ、子どもも会議に参加してもらうようにすると、それだけで会議が変わります。

④ 事前にグループ分けをしておく

グループ分けの基本は「知らない人同士で組むこと」です。親しい人同士で組むと締まりがなくなり、対話の場がうまくいかなくなります。また、「新たな出会い」という最高の楽しさがなくなってしまいます。当日にグループ分けをすると、仲間同士で来た人に「同じグループにしてほしい」と言われることがあるので、グループ分けは事前にしておきましょう。

⑤ 会場設営

会場設営は特に大切なので、57ページで詳しく説明します。

⑥ 15分前に来るように強く念を押す

雰囲気づくりは当日の「開始15分前」から始まります。参加者の多くが開始時間ギリギリに来るようでは成功しません。「必ず早めに来るように」事前に念を押しておきます。

〈第2段階〉開始15分前からの仕掛け

⑦ 司会の明るいアナウンス

「こんにちは」「おつかれさまです」といった声かけや、「お茶を取ってください」「グループの知らない人と挨拶をしてください」などの**事務連絡を、司会者が笑顔で、そして明るいトーンで話すことが雰囲気づくりに大きく貢献します**。司会の仕事は、進行表の通りに進行するだけではないのです。ぶっつけ本番ではなく、事前にしっかりと「明るく話す練習」を繰り返してください。なお、司会とファシリテーターを1人で担っているケースがよくありますが、司会者とファシリテーターは別にするように心がけてください。

⑧ グループで話をさせる

場の雰囲気づくりをファシリテーターが行うより、「自分たちで打ちとけていく」ようにするほうが効果的です。そこで、「グループの知らない人と**挨拶をしてください**」と促してください。このとき、「自己紹介してください」では、なかなか行動に起こしてもらえないので、気をつけてください。挨拶のほうが、自然で無理がありません。

⑨ 名札は席に着く前に書いてもらう

「お茶を配る」「名札を事前に書いて用意しておく」「資料を配る」といったことを「行政職員がやるのは当たり前」と思っていませんか？ 市民を「お客様」にしてはいけません。**市民と職員が一緒に場をつくっていくことが「協働」です。**

名札は、参加者自身に書いてもらいます。このとき**席で書くのでは**

なく、受付の横に名札を書く机を用意して、そこで書いてもらうようにするのがポイントです。席について名札を書いていると、⑧の「グループで話をさせる」ができなくなってしまうからです。

⑩ スタッフが参加者に話しかける

大抵スタッフは自分の仕事で一生懸命で、参加者に話しかけようとはしません。そのため、着席した参加者が手持ち無沙汰になっていることが多々あります。これではダメです。

雰囲気づくりはファシリテーターの仕事ではなく、スタッフ全員の仕事です。

⑪ 30分前までに準備を終わらせる

30分前には、準備を完全に終わらせるようにします。一番早い参加者は大体30分前に来るからです。準備でバタバタしていては、⑩の「スタッフが参加者に話しかける」ができません。準備が完了したら受付のスタッフ以外は、適当にグループに分かれて座り、席についた参加者に積極的に話しかけるようにしてください。

⑫ お茶は自分で取りに行かせる

市民と行政の協働で進めるまちづくりの対話の場は、互いに対等に語り合う場でなければなりません。職員が参加者に「おもてなし」をしてはいけません。お茶も自分で取りに行ってもらいます。「今日はお茶が飲み放題です」「お茶でもコーヒーでもお好きなものを取ってください」などと明るくアナウンスしてください。

「自分でできることは自分でやる」が、これからのまちづくりの根本となる考え方です。

⑬ アイスブレイク

日本型ファシリテーションではグループでの話し合いが中心となるので、「グループで話し合う癖」を付けるような、例えば、グループ対抗クイズなどのアイスブレイクがオススメです。また、一般的に、はじめの挨拶の後にアイスブレイクをしますが、開始時間になったらいきなりアイスブレイクを始めたほうがインパクトがあります。アイスブレイクが終わってから「それでは今から始めます」と開始を宣言します。

〈第３段階〉開始直後の仕掛け

⑭ 主催者の挨拶

主催者は、あまり難しいことを言わずに、なるべく短く話すようにして、最後に「今日は、気楽に楽しく話し合ってもらえればと思います」と話します。一般的には、挨拶の内容は主催者にお任せしていることがほとんどですが、事前にファシリテーターが「挨拶の最後に、楽しくやってくださいと言ってください」などと主催者にお願いをしておくことが大事です。

⑮ グループの自己紹介

自己紹介の基本的なコツは次のとおりです。

- グループごとにじゃんけんで決めた進行係が進める
- １人１分で行う
- 「名前と住んでいるところ」の次に「最近あったおめでたいこと」を話してもらう
- 「おめでたい話が出たときには、ぜひ皆さんで拍手してあげてください」と伝えておく

自己紹介をすることで、話し合いに入る前に一度は口を開くことになり、「全員が話をする雰囲気」をつくることができます。そして、ファシリテータに雰囲気をつくってもらうという受け身の姿勢ではなく、自分たちで場をつくるという主体的な姿勢も生まれるのです。また、拍手の癖をつけることで、良い雰囲気の中で話し合うことができるようになります。

▶雰囲気づくりの３つの段階と15の方法

〈第１段階〉開始前の仕掛け

① 目的を明確にする
② 楽しいチラシを作る
③ 多種多様な参加者を集める
④ 事前にグループ分けをしておく
⑤ 会場の設営
⑥ 15分前に来るように強く念を押す

〈第２段階〉開始15分前からの仕掛け

⑦ 司会の明るいアナウンス
⑧ グループで話をさせる
⑨ 名札は席に着く前に書いてもらう
⑩ スタッフが参加者に話しかける
⑪ 30分前までに準備を終わらせる
⑫ お茶は自分で取りに行かせる
⑬ アイスブレイク

〈第３段階〉開始後の仕掛け

⑭ 主催者の挨拶
⑮ グループの自己紹介

雰囲気をつくるために15個もやることがあります。多いと感じるかもしれませんが、この積み重ねの結果うまくいくのです。そして、大切なことはこれらを全部ファシリテータが１人でやるのではなく、スタッフ全員で役割分担をして進めるということです。そのことがスタッフの一体感を生み、そのまとまりのある雰囲気が、参加者にも伝わり、全体として、とても良い雰囲気の会議（対話の場）となります。

会場設営８のポイント

全員発言し、合意にたどり着くために最も大切なのが雰囲気づくり、そして、雰囲気づくりの中でも特に重要なのが「会場の設営」です。ここをおろそかにしないように注意してください。

雰囲気づくりの肝！　会場設営

次の会場設営の８つのポイントを押さえておいてください。

①　グループをつくる

ロの字型やコの字型に机を並べるのではなく、長い机を２台並べてグループをつくるようにします（30ページ参照）。グループをつくることで、一体感が生まれます。合意にたどり着くためには、「皆で考えて決めた」という一体感が欠かせません。１グループあたり４～５人程度が目安です。

②　グループ同士の間隔をできるだけ狭くする

グループ同士の間隔が狭いほうが一体感が生まれます。見渡さなくても、ファシリテーターの視界に参加者全員が収まるようにします。ただし、必要に応じて、臨機応変に対応するようにしてください。

③　飾りつけをする

楽しい雰囲気は「ファシリテーターの話術」ではなく、「ものと仕掛け」でつくるものです。そこで、最も力を発揮するのが会場の飾り付けです。楽しい飾り付けをすればするほど効果的ですが、難しい場合にも、殺風景にはしないように心掛けてください。

▶楽しい飾り付けの例

④ 机にテーブルクロスを敷く

100円ショップに売っているもので構いません。簡単に会場が華やかになります。

⑤ 机の上に植物を飾る

季節の生花が一番良いですが、造花でもOKです。造花なら100円ショップでも販売されています。会場の雰囲気が明るくなるほか、参加者同士の会話のきっかけにもなります。

⑥ 模造紙にマジックで手書きした資料を貼り出す

議題によっては楽しい飾りつけがあまりそぐわないこともあります。そういうときに力を発揮するのが、「模造紙に手書きした資料を貼り出す」ことです。

このとき、黒のマジックではなく、できるだけカラーのマジックで書くようにすることがコツです。それだけで会場が明るい雰囲気になります。「模造紙に手書きされた資料」は、飾りにもなるのです。

⑦ 実物の資料を用意する

「資料＝ A4 の紙に印刷されたもの」という常識が会議を堅苦しくしています。**資料は、実物がベストです。**

実物がない場合は模型、写真、絵や図など「ビジュアル」に訴える資料を用意し、各グループに配置します。資料の工夫一つで、話し合いの雰囲気は劇的に変わり、意見が出やすくなる、具体的な意見になるといった効果が表れます。

⑧ お菓子を用意する

特に大切なのが、「お菓子を必ず準備すること」です。日本型ファシリテーションではお菓子が必須です。お菓子が机の上に置いてあるだけで、会場の雰囲気が和みます。

お菓子は「大量に用意する」のが基本です。「お菓子は最高の飾り付け」だからです。山盛りに準備することで場の雰囲気も盛り上がります。残ってしまっても構いません。残ったお菓子は、お土産として参加者に持ち帰ってもらうようにします。

しかし、「うちの会議では、お菓子なんかとても出せる雰囲気じゃないよ……」とか「お菓子を食べる人なんかいない」と言う人もいると思います。大丈夫、工夫次第です。例えば、次の工夫をすることでどんなに堅苦しい会議でもお菓子を食べてくれます。

- 「○○のお土産です」と言って配る
- 手作りのお菓子を出す
- 障害を持つ人たちの作業所で作ったお菓子を出す

特に３つ目の「障害を持つ人たちの作業所で作ったお菓子を出す」は、そのような地域の活動を知ってもらい、取組みを応援することにもつながるのでオススメです。「○○の作業所で作っているクッキーが、とても美味しいんです。食べたことありますか？」などと自然に勧めることができます。

主体性を引き出す付箋術

付箋の効果を最大限引き出す「付箋術」を紹介します。手順としては、① テーマについて付箋に書き出す、② グループで共有する、③ グループで絞り込む、となります。

付箋に自分の意見を書かせない

右頁の写真は、これから紹介する付箋術を用いたまちづくり会議で出た付箋です。普通ではあり得ない量ですよね？　それだけではなく１つひとつの質もとても高いものになっています。

さて、一般的な付箋の使い方の最も大きな間違いが、付箋に「意見」を書かせていることです。付箋は、単なる自分の意見を書かせるためのツールではなく、参加者の主体性や可能性を引き出すことのできるツールです。**「付箋に自分の意見を書いてください」という指示では、付箋の持つ効果を十分に発揮できません。**

なお、参加者全員がやる気十分、発言力もあるといった場合は、この指示でもうまくいきます。しかし、参加者に発言力が弱い人がいる場合はうまくいきません。特に、地域の人を集めた話し合いをする場合は、この指示は禁句です。詳しくは81ページで解説しますが、**発言力のない人は、「自分の意見」と言われると固まってしまうのです。**

たくさん書かせる３つのメリット

付箋に書くときに大切なことが、「たくさん書く」ようにすることです。そこで、**「付箋に、テーマについて思いつくことを何でもいい**

▶日本型会議で出た付箋

まつり
年中行事に
まつわるイベント
学生の
ステージをつくる
のど自慢大会
国際交流
外国の方と
言語教室
外国の方の
のど自慢大会
YOUは何しに
日本に？
伝統工芸
ツアー
楽しい我が家
地域に於ける

のでたくさん書いてください」という指示を出すようにします。これだけで、会議が劇的に変わります。たくさん書き出す大きなメリットが次の３つです。

① 自分の考えに捉われなくなってくる

付箋に書き出したものが「自分の意見」ではなく「たくさんのいろいろな意見のうちの１つ」という客観的なものになり、書き出した意見に捉われなくなります。「何でもいいのでたくさん書き出してください」という指示が、客観的に話し合いをしていく雰囲気をつくります。

② 脳が活性化し、いろいろなアイデアが出るようになる

「ひらめき」が生まれやすくなります。ひらめきが生まれるとは「その人の可能性が引き出された」ということす。一般的に付箋は「意見を整理するグッズ」と捉えられていますが、たくさん書き出すことにより「可能性を引き出すグッズ」となるのです。

③ 満足感が生まれる

付箋に自分の思いを書きたいだけ書くことができるため、「十分にものが言えた」という満足感を生みます。この満足感こそ、合意形成を図る上でとても大切な要素です。

会議の不満の第一は、「発言できない」ことです。しかし、発言できたとしても「言いたことを十分に言えない」という不満もあります。一番言いたいことを１つに絞って発言する、それが日本の会議の実態だからです。全員が自分の思いを全て口にしていたら、時間が無限に必要です。そのため、１つの議題についていくつもの言いたいことがあっても、ほとんど言えないまま終わります。だから、会議には常に「言い足りなさ」が残ります。これが、口で話す会議の限界です。

３つの「ない」の法則

「たくさん書いてください」と指示をしても「何を書いていいかわからない」という人がいます。そこで、ハードルを下げるため、付箋に書き出してもらう前に、対話における「３つの『ない』の法則」を説明します。**３つの「ない」とは、「根拠ない」「責任ない」「できそうもない」です。**これらは、会議と対話の場の違いを表すものでもあります。

① 根拠ない

「書き出すことについて、明確な根拠がなくてもいい」ということです。「『根拠はよくわからないけど何となく思った』でもいいですよ」と説明します。こうして書き出すときのハードルを下げることで、場の雰囲気が和らぎます。

「根拠はなくていい」と言い切ることは、欧米型のロジカルシンキングの会議ではあり得ないことですが、「根拠のある、きちんとした意見を言わないといけない」ということは、発言力の弱い人には大きなプレッシャーです。発言力の弱い人のことを考えれば、まずはここから入ったほうがいいのです。

② 責任ない

これは、「言った人が責任もって実行すべきだ」ということでは「ない」ということです。最近、あまりこういうことは言われなくなってきましたが、年配の方々にこの考えが頭にしみ込んでいる人が多いです。より安心してアイデアを出してもらえるように、付箋に書き出す前にきちんと伝えておきます。

③ できそうもない

「できそうもないことでも構いません」と説明してください。「本当にそんなことを言っていいの？」と思うかもしれませんが、実は「皆さん、今日は実現可能性のあるアイデアを出し合いましょう」という指示が、話し合いをダメにしていたのです。「現実的」とか「実現可能性」と聞いた途端、参加者は「今日は無難なことを言えばいいんだな」と考えてしまいます。実現可能性を考慮した結果、ありきたりな意見ばかりが出る会議になってしまっては意味がありません。

自由に書き出してもらう

「『できそうにないことでも何でもいい』なんて言ったら良い意見が出なくなるのでは……」と心配に思った人も、大丈夫です。話し合いを２段階に分けて行うことで解決できます。

第１段階では、何でもいいので、どんどん自由に書き出し、第２段階で実現可能性のあるものに絞っていきます。一般的な会議はこのうちの第２段階だけしか行いません。はじめから「良い意見」を出し合って、その中で一番良いものを話し合って決めていくという流れです。これがありきたりな意見ばかりが出て、新しいアイデアが出ない原因だったのです。ユニークな意見（アイデア）が欲しいなら、会議を２段階にして、はじめは「できそうにないことでもいい」ので自由に書き出してもらうことから始めるようにしてください。

成功の３つのポイント

「付箋会議を実践してみたのですが、なかなか付箋に書いてもらえなくて困りました」という報告を受けることがあります。付箋に書いてもらえない原因のほとんどは、次の３つのいずれかです。

① 雰囲気づくりが十分でない

②「付箋に自分の意見を書いてください」というNGな指示出し

③「３つの『ない』の法則」を説明していない

逆に言えば、**この３点を押さえれば付箋会議は成功します。**

付箋を使った会議の経験がある人は特に、この３点をおろそかにしがちです。しっかり実行するようにしてください。

共有の５つの工夫

共有とは、付箋に書かれた意見をグループで見せ合うことです。一般的な「付箋をまとめて貼り出し、似た意見を集めて丸で囲む」手法は非常に雑で、付箋１枚１枚を読むことができていません。

グループの進行係を決める

グループファシリテーターを各グループに配置するのではなく、参加者が話し合いを主体的に行えるよう、話し合いの「進行係」を各グループじゃんけんで決めてもらいます。全体の話し合いの指示はメインファシリテーターが出します。進行係はあくまでもグループメンバーの１人であり、メインファシリテーターの指示を受けて、基本は皆と一緒になって考えながら「口火を切る」形で進めていく人です。

進行係を決めることで、誰かに進行してもらうのではなく、自分たちで話し合いを進めていく「主体的な雰囲気」をつくり出します。

付箋は１枚ずつ貼り出していく

付箋を１枚１枚読むため、次の手順で１枚ずつ貼り出します。

① 進行係がグループの誰かを1人指名し、指名された人は自分の付箋の中から1枚選んで模造紙に貼り付け、簡単に説明する

② 進行係が貼り出された付箋を指しながら「似た意見の方はいますか?」と確認し、①の付箋に似た意見を書いていた人はその周りに付箋を貼り、簡単に説明する

③ 似た意見が全部出終わったら、進行係は「次の人」を指名し、グループ全員の付箋を全部貼り終えるまで①〜③を繰り返す

④ 付箋を貼り終えると、似た意見が書かれた付箋が集まっている状態になるので、マジックで丸囲みして、見出しをつける

共有にかかる時間は大体30分ぐらいを予定しますが、実際は20分程度しか時間が取れないことが多いものです。そうすると、かなり時間が短いため、普通に話し合っていると時間内に終わらせることができません。そこで、時間を守らせるために、「あと○分ですから急いでください」と繰り返しアナウンスして、急がせるようにします。

特に、後半に入ってからは、様子を見て、ときには話し合いを止めてでも「時間がないので急いでください」と指示することが大切です。

なお、付箋を剥がす際、接着面以外の場所を持って「下から上」に引っ張る通常の剥がし方では附箋に反り癖がついてしまい、貼り付けたときにピタッと貼りつきません。附箋は「横方向」にめくるようにすると、模造紙にきれいに貼ることができます。

ひらめき付箋の付け足し

一般的な「付箋会議」では意見を集めて、マジックで丸囲みし、見出しを付けたら終わりです。つまり、どんな意見が出たかを整理して終わりです。しかし、それではもったいないです！

話し合いを深めるには、ほかの人の付箋を読んでひらめいたことを大切にします。**会議の真骨頂は「人の話を聞いて、ひらめくこと」にある**からです。このひらめきを積み重ねて個人の意見を超えていく場、それが本来の会議です。そのために「付け足し」をします。

やり方は、**他の人の付箋を見て何かひらめいたら、最初に貼り出した付箋とは違う色の付箋にそれを書いて貼り出してもらいます。**そのために、**付箋は必ず２色用意する**ようにしましょう。付け足しをする

ことで、単に整理するだけではなく、どんどん話し合いの中身が深まっていきます。**この「ひらめき付箋」の数が多ければ多いほど、実のある会議であると言えます。**

1人だけで作業しない

マジックを使う作業の際に気をつけなくてはいけないことは、「1人だけが作業している」ということがないようにすることです。その1人以外は作業を見ているだけでは、「皆でやっている」ことになりません。そこで、共有の作業がある程度進んだところで、メインファシリテーターは「マジックの作業は全員でやってほしいので、今から1人1本ずつマジックを持ってください」と指示を出します。

イラストを描く

一般的な共有は意見を整理するために行いますが、日本型ファシリテーションでは「意見の整理をすることにより、主体性をいかに引き出すか」を考えます。そこで「参加型グラフィック」が有効です。

グラフィックレコードを思い浮かべた方もいるかもしれませんが、グラフィックレコーダーのような特定の絵のうまい人が参加者の発言を聞きながら描くのとは違い、参加者自ら行うもので、共有の際「模造紙の余白にイラストを描いて楽しく仕上げてください」と指示を出します。話し合いで大事なことは「語り合うこと」ではなく「楽しく語り合うこと」です。楽しく話し合うことで、参加者に主体性が生まれ、議題を自分事として捉えるようになっていきます。参加型グラフィックは、楽しい会議の雰囲気をつくるのにうってつけです。

素人なので、うまいとは言えない絵を描く人がほとんどですが、そのおかげで「これ、かわいいですね」とか、「これ、逆に○○に似てますね」などの楽しい会話や笑いが生まれます。絵がうまくない人がいるほうが、場が和み、楽しい雰囲気になるのです。

▶付箋によるグループでの共有の手順

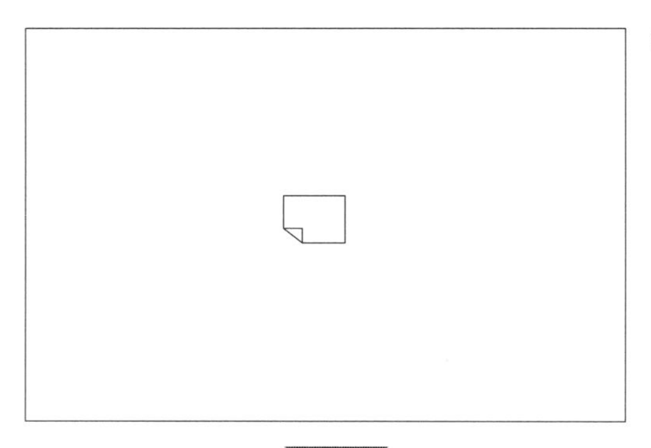

① まず１枚付箋を模造紙に貼り出す。このとき似た意見の付箋があったら、近くに貼り付けてもらう

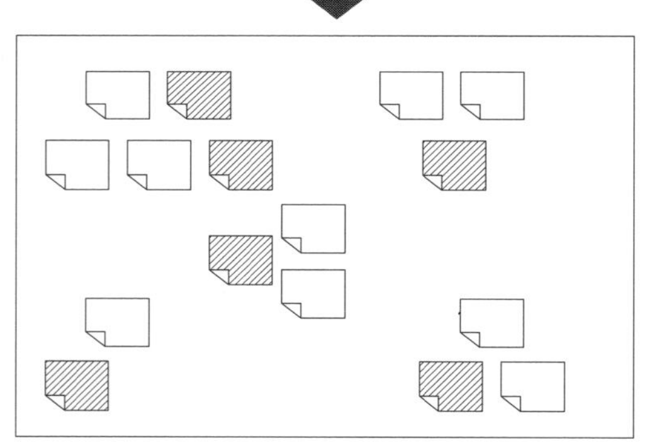

② ① を行っていく中で、人の意見を聞いてひらめいたことがあったら、２色用意したうちの①とは異なる色の付箋（左図ではアミかけで示しました）に書き出して貼ってもらう

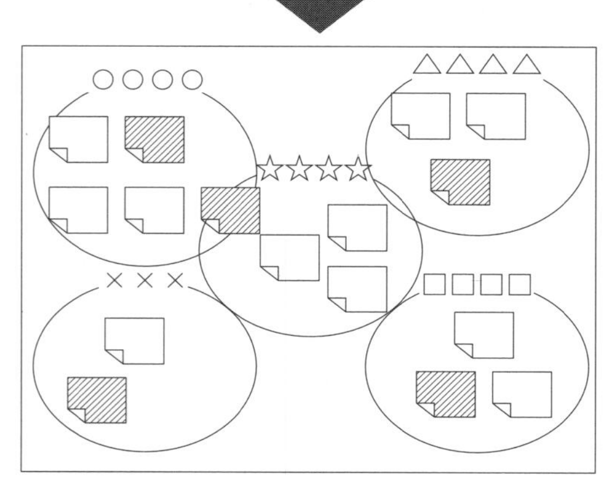

③ ①②を繰り返し全部の付箋を貼り終えたら、マジックで丸囲みして見出しをつける

意見を絞り込む

グループで意見の共有ができたら、結論に向けて絞り込みに入ります。この絞り込みについて、あまり説明されることはないのですが、実は絞り込みにもテクニックがあるのです。

絞り込みの２つの段階

〈第１段階〉グループで意見を３つに絞る

人数にもよりますが、付箋の枚数は大体、全体で 100 ～ 200 枚になります。各グループで３つに絞るということは、意見の総数は「３×グループの数」になります。例えば、5 グループなら 100 ～ 200 あった付箋が、３×５で 15 にまで絞られるということです。

〈第２段階〉全体投票でランキングを付ける

各グループ３つずつ意見が発表されたら、持ち票１人３票で全体投票を行い、ランキングをつけます。

グループで３つの意見に絞るときのコツ

第１段階「グループで意見を３つに絞る」のコツを２つ紹介します。

① 書き出しながら話し合う

絞るときは、グループの記録係を決め、グループで話したことを模造紙や A3 の紙にどんどん書いていきます。ファシリテーターや進行係は書き出されたものを指しながら、参加者が文字を見ながら話し合えるようにします。書き出しながら話し合うようにしないと、ただのおしゃべりになってしまい、なかなかまとまりません。空中戦会議にならないよう「随時記録型」で進めます。

② 絞り込みの視点を持つ

絞り込みをするときに、単に「グループで3つの意見にまとめてください」と指示しても、まとめるのに時間がかかります。この絞り込みのときも共有と同じで、「個人の考えを超えて、皆で練り上げる」ことが大事です。そこで、「絞り込みの視点」を提示するようにします。

絞り込みの視点は、議題や目的によって様々ですが、私がよく使うのは**「もっと楽しく」「ユニーク」「○○らしさ」**の3つです。

○○には、その地域の名前が入ります。「『同じことをするのでも、もっと楽しくならないか』『ほかではやってないことはないか』『この地域らしいアイデアか』ということを考えながら、3つに絞ってみてください」と説明します。この3つの視点で、付箋のアイデアを皆でブラッシュアップすることで、個人を超えるアイデアとなっていきます。さらに、これら3つを満たすと、マスコミに取り上げられやすい取組みになります。皆で練り上げる、これこそ会議の醍醐味です。

投票でさらに絞り込む

3つに絞った意見を、グループごとに投票用の模造紙に書き出したら、絞り込みの第2段階「全体投票でランキングを付ける」に入ります。その投票用の模造紙に丸いシールを貼って投票します。シールの数が多いものが、最終的な結論となります。

このとき、単に「いいな」と思ったものに投票するのではなく、3つのルールがあります。そのルールとは、**「自分のグループには投票できない」「1人3票」「投票結果をランキング表で可視化する」**の3つです。**このルールを守って投票することで不平不満を抑え、合意を形成することができます。**詳しくは、88ページで説明します。

時間を守らせるテクニック

「時間を守る」と「最高の結論を出す」という２つの価値観のうち、「時間を守る」ほうの優先順位を高く設定してください。ここでは、参加者主体で時間を守るようにする方法を紹介します。

時間を意識させる

時間を守らせるためには、時間を守る雰囲気が必要です。そのために、一番簡単で効果的なのが「会場内にたくさん時計を置く」ことです。壁や机の上など、いろいろなところに時計があって、目につくようになっていることで時間を守る雰囲気が形成されます。

時計を設置するのに一番いい場所が「正面に設置したホワイトボードの右上」です。ここには大きめの時計を設置してください。板書を見ながら、参加者が自然に時間を意識するようになります。

また、グループごとにキッチンタイマーを配置します。スマートフォンのタイマー機能もありますが、時間を意識させるにはキッチンタイマーが効果的です。後述する時計係は、このキッチンタイマーを確認しながらタイムキーパーをします。

急がせる

「急がせていい」、これもとても大切な考え方です。急いで考えることは「時間を意識しながら発言する」ということだからです。

まずはグループごとに１人「時計係」を決めてもらいます。この、時計係とファシリテーターが、急がせる役割をします。

時計係には、「あと○分です」とこまめに残り時間を伝えるように指示します。ファシリテーターは、残り時間が少なくなってきたら「あと○分ですので、ちょっと急いでください」などと急がせるようにします。話し合いは急がせていいのです。

文字を見ながら話し合う

話し合いが時間内にまとまらない最大の原因は「空中戦会議」だからです。話したことが文字化されない口で話すだけの会議は、まとまりにくいのです。文字化されていれば、人は書かれていることに沿って意見を考えるようになります。時間内に会議を終わらせたければ、まずは空中戦会議から脱却してください。ファシリテーターが板書を指示棒で指すようにすると、さらに効果的です。

また、ダラダラ会議の大きな原因として、「２つの価値観」の優先順位設定の誤りに加えてもう１つ、「会議の目的があいまいであること」があります。この場合も、ホワイトボードに「本日の会議の目的」を書いておく、つまり、目的を可視化することが効果的です。

参加者主体で時間を守らせる

時間を守る責任は、ファシリテーターではなく参加者にあります。ファシリテーターの仕事は、「時間内に結論が出るように促す」ことです。まずは、会議の始めに「今日は時間厳守で進めたいと思いますので、皆さんもご協力をお願いします。常に時間を意識しながら話し合うようにしてください」とはっきり伝えてください。

終了15分前からは、「『あと○○分です』と声をかけ合って、時間内に結論が出るように進めてください」と伝えます。この指示は、何回も繰り返して伝えてください。参加者も「時間内に終わりたい」と思っているので、前向きに取り組んでくれます。参加者が互いに声をかけ合って、時間内に結論が出るように話し合うことで一体感が強まり、すばらしい雰囲気となります。次に、参加者の主体性を引き出しながら時間を守らせる究極の声かけを紹介します。

■時間内に終わらせるための究極の声かけ

① 終了15分前になったら、「皆さん、残り時間が15分になりましたので、ここで一旦打ち切ります」と言って、どんなに盛り上がっていようとも、一度打ち切る。

②「あと15分で結論を出さないといけないのですが、このあとの話し合いをどのように進めたらいいでしょうか?」と「進行」について問いかける(ここで、ただ意見を言うだけでなく「結論が出るように発言していく責任がある」ことを参加者に意識させる)。

③ 進め方について意見を出してもらい、最終的に「では○○のやり方で進めていきたいと思います」とファシリテーターが決める。

自己紹介や近況報告で時間厳守のクセを付ける

時間通りに結論を出すには、「時間を必ず守るぞ」という雰囲気づくりが必要です。しかし、「必ず時間を守ろう」というようなルールを決めても、時間を守る雰囲気は生まれません。「ルールを決めて、それを守る」というのは管理だからです。

時間を守る雰囲気づくりにオススメの方法が、会議のはじめに行う**自己紹介や近況報告の際に時間を厳しく守って進行する**ことです。

自己紹介や近況報告は笑い声が上がったり拍手が起きたりと、楽しい時間となります。自己紹介や近況報告は1人1分で行いますが、その際1分経ったら「時間ですので終わりにしてくだい。次の人お願いします」と言って必ず終わりにします。甘くしないで必ず終わりにさせます。**自然に時間を守る雰囲気をつくる方法は「楽しいことをしているときに、厳しく時間を守らせる」ことです。**楽しいことをしているので、厳しくやっても「管理」的な雰囲気になりません。

会議は議題で決まる！
フツウの議題を黄金の議題に

なぜ会議はつまらないのでしょうか。「一部の人ばかり発言するから」。それは、もちろんその通りですが、もっと本質的な問題が「議題」にあります。

課題解決型会議と夢実現型会議

世の中の会議の議題の９割方は課題解決です。これは仕方ないことですが、課題解決をテーマに話し合うと、どうしてもつまらなくなります。このような課題解決の方法を考える会議を「課題解決型会議」といいます。もう１つ、会議には「夢実現型会議」というものがあります。皆の「こうなったらいいな」「こうしたらもっと楽しい」という夢や理想を出し合い、皆で合意し皆で実行していくことにより、より良い組織にし、成果を出していこうというものです。

例えば、あなたのまちの公園に最近ポイ捨てが増えてきたので、地域の人が集まって「公園のポイ捨てを減らすにはどうしたらいいか」を考えるとします。これが、「課題解決型会議」です。「夢実現型会議」では、「この公園をもっと気楽に楽しく利用できる公園にするアイデアを出し合おう」というような議題になります。

結論も、課題解決型の場合は「ポイ捨てをしないよう呼びかける看板つくろう」のようになる一方、夢実現型では「皆でプランターに花を植えて、公園の周りに置こう」のような楽しいアイデアが出ます。

さて、課題解決型会議ばかりやっている組織を「課題解決型組織」と呼びます。この組織は変わることはありません。なぜなら、課題は次から次へと現れ、「課題→解決」の繰り返しが永遠に続くからです。

あなたが「会議を変えたい」「組織を元気にしたい」と思っているなら、「夢実現型組織」を目指して、ぜひ夢実現型会議を開催してみてください。まずは、今話し合っている議題が夢実現型なのか課題解決型なのかを見てみましょう。課題解決型ばかりであったなら夢実現型の話し合いもやってみてください。やればわかりますが、夢実現型会議はとても盛り上がります。しかも、即効性があり、組織がみるみる元気になっていきます。

とは言え、課題解決も不可欠ですよね。そこで、課題解決も夢実現型でやるためのコツを紹介します。それは**「課題は夢の上書きで消していく」**という考え方です。課題解決ではなく夢の実現という視点で捉え、対策ではなくアイデアを出し合います。そうすることで、「課題⇒解決」というネガティブな流れから「夢⇒実現」というポジティブな流れになり、前向きでクリエイティブな組織となっていきます。

会議が劇的に変わる一言

いざ「夢実現型会議」を実践してみようとして、例えば「イベント用の予算100万円を集める方法を考えよう」という議題を設定したとします。この議題を聞いて、モチベーションは上がりますか？ 上がるどころか、「またお金の話か……」とモチベーションが下がってしまうのではないでしょうか。

同じことについて話し合うのでも、議題のつけ方を少し工夫するだけで楽しい会議に変えることができます。その工夫というのは簡単で、「楽しい」という一言を入れるだけです。

「イベント用の予算100万円を集める『楽しい』方法を考えよう」

とします。簡単ですよね。これだけで話し合いが劇的に変わります。**「どうすれば楽しくなるかを考える会議は楽しくなる」のです。**

何かアイデアや解決策を考えるときには、ぜひお試しください。

全員が理解できる！魔法のホワイトボード術

ホワイトボードを活用することが会議を変える第一歩です。ここでは、一目で情報が頭に入る「ホワイトボード縦３分割３色法」などの板書のコツを紹介します。

ホワイトボード縦３分割法

ホワイトボードは一目で全体が見える状態が理想です。そこで、ホワイトボードに板書するときには、できるだけ「詰めて書く」ようにしてください。

そのための基本的な書き方が、下の写真のようにホワイトボードを縦に３分割して使う「縦３分割法」です。やり方は、ホワイトボード

▶縦３分割３色法で書かれた板書

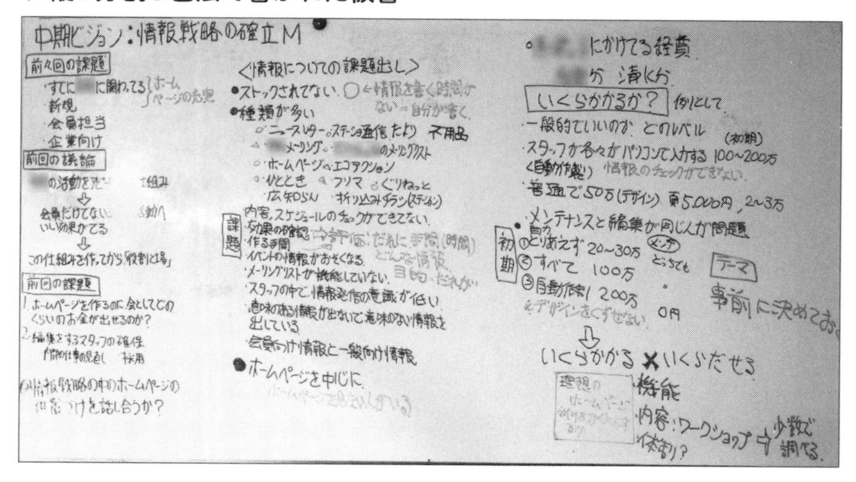

の左上から書きはじめ、順番に右にずれていくだけです。この書き方だと、読んでいて話の流れがよくわかります。

板書するとき、読みやすさを意識して大きな字で書いたり、空間を空けて書いたりする人もいますが、できるだけ小さな字で書くことをオススメします。大きな字で書くとホワイトボード１枚に書ける量が減るからです。

できるだけ小さい文字でと言っても、読めなくては意味がありません。参加者の人数や年齢層、会場の広さを考慮した文字の大きさにします。具体的には、**会場の一番後ろの席から一目でわかる程度の大きさ**です。実際に会議が始まる前にホワイトボードに書いてみて、会場の一番後ろから読めるかどうかをチェックしておくようにします。

マーカーは黒・青・赤の３色

「色を使い分けて、わかりやすく板書しよう」と思っていろいろな色のマーカーを使うと、逆に、一体どこが重要なのかわからなくなってしまいます。**板書は、基本的にはできるだけ黒で書くようにし、色は極力使わないように意識しましょう。**基本的に黒で書き、大事なところは青に、決定事項や最終的な結論など「ここぞというとき」は赤にするというように使い分けることが重要です。経験上、マーカーを４色以上使ってしまうとごちゃごちゃします。

また、板書は文字だけで書くのが基本ですが、文字だけだと何となく寂しいものがあります。そこで、ホワイトボードの余白にイラストを少し描くと楽しくなります。花や星など、簡単なものでも構いません。また、いま「グラフィックファシリテーション」というイラストメインで板書する手法がはやっています。これは楽しい雰囲気になって良いのですが、イラストばかりだと逆にわかりにくくなってしまうこともあります。基本的には、板書はあくまでも文字を中心に、イラストは少し添える程度にすることをオススメします。

無理に要約する必要はない

「板書するときに、どう要約していいかわからない」という質問が多くありますが、**無理に要約する必要はありません。**単語だけを書いておくのでも構いません。**一番間違いがないのは、発言した人に「○○ということでいいですか？」と確認してから書くことです。**この確認は遠慮なくやってください。「いえ、そうではなくて……」と発言者の訂正が入ることが多いものです。

基本的には、自分勝手な要約にならないよう、**板書係は「発言者が使った言葉を使って要約する」ことが大切です。**板書係が自分の頭で考えて要約すると、発言者の使っていない言葉を使うことがあります。そうなると、発言者の意図と微妙に違ってくることが多いのです。

ホワイトボードは３台用意する

２時間の会議の場合、できるだけ板書しようとするとホワイトボードが１台では足りません。最低でも３台はホワイトボードが必要です。何台もホワイトボードを用意できない場合は、ホワイトボードに模造紙を貼って書くようにして、その模造紙がいっぱいになったら壁に貼り付けていきます。

また、ホワイトボードを使った話し合いのとき「指示棒で板書を指しながら進める」ということがないがしろにされがちです。指された文字を見ながら説明を聞くことによって、参加者の理解が深まります。ファシリテーターは「マイ指示棒」を用意し、会議では常に必ず側に置くようにしておいてください。指示棒は棒状のものであれば大体何でも構いません。楽しい指示棒を手作りするのもオススメです。また、レーザーポインターを指示棒代わりに使うこともできます。

第4章

必ず合意にたどり着く！

合意の4ステップ

合意を生む３つの要素

どんなときに合意が生まれるか。それは、「一体感」「満足感」「主体性」という３つの要素が揃ったときです。従来の会議では、この３つの要素がないために合意が生まれにくくなっていました。

皆で考えたという「一体感」

「皆が納得する結論」はそうそうありません。そもそも多くの人は、会議がまとまらない、つまり、合意にたどり着けずに困っています。読者の皆さんも、そのような悩みを抱えているのではないでしょうか。

できるだけ多くの人が納得するように話し合い、最後は「納得していない人」も実行することについては「合意」してくれること、それが会議のゴールです。つまり、目指すべき現実的なゴールは「仕方ないね」という「ギリギリの合意」なのです。ギリギリの合意を得るために必要なものが「皆で考えて決めた」という一体感です。そして、この一体感を生み出すためには、次の５つの土台が必要です。

- 明るく前向きな雰囲気をつくる（51 ページ参照）
- グループをつくる
- グループとグループの間はできるだけ狭くする（30 ページ参照）
- グループにつき１つの資料を配る（28 ページ参照）
- 付箋会議を行う（第３章参照）

十分にものが言えたという「満足感」

話し合いでギリギリの合意さえ生まれない理由は、参加者に「言いたいことを十分に言えていないという不満感」があるからです。「本当は○○のことも言いたかったけど、言うことができなかった」という「言い足りなさ」が合意を阻みます。

合意形成のためには「自由にものが言える」ことが必要です。しかし、それだけでは足りません。その上で「十分にものが言えた」という満足感があってはじめて、ギリギリの合意が生まれます。

「全部書き出したという満足感」と「皆で話し合って決めたという一体感」が、「合意してもいい」という思いにつながります。繰り返しますが、付箋とは単に意見を整理するものではなく、合意形成を生む最高のアイテムなのです。

一体感を持つことで生まれる「主体性」

参加者が、話し合いに主体的に関わっていないと、合意は生まれません。主体的とは、参加者が「結論をまとめる責任は自分にある」という意識を持っている状態です。参加者が「自分の仕事は意見を言うことで、結論をまとめるのはファシリテーターの仕事だ」という受け身の認識でいると、合意は生まれません。

では、主体性を生むためにどうしたらいいかというと、本書で紹介している日本型ファシリテーションを実践すれば主体性が生まれます。「雰囲気づくり」「付箋の使い方」「意見の整理」「グループでの話し合い」をはじめ、これまで紹介してきた日本型ファシリテーションの全てのスキルが、参加者の主体性を引き出すためのスキルです。

「皆で考えている」という一体感を持つと主体性も生まれます。「もっと主体的な組織にしたい」と考えるなら、やる気のない人の主体性をどのように引き出すかを考えるのではなく、組織の一体感をもっと強めるにはどうしたらいいかを考えるほうが良いのです。

合意の原点

合意のためには「一体感」「満足感」「主体性」の３つの要素が必要ですが、実は、昔は会議における合意は、決して難しいものではありませんでした。それは、**「決まったことは、どんなに反対していたことでも、とにかく一度、全員で実行していくことに協力する」**という究極の合意があったためです。

この例は、戦国時代の大名が家臣を集めて行っていた会議「評定」にも見ることができます。家臣たちは評定で自由に自分の思いを述べ合い、それを聞いていた大名が最後に「よし、では○○でいこう！」と決めます。大名が決めた結論は絶対で、反対意見の家臣もその決定に従い、一致団結しました。だらだらと話し合っていて、いつまでも結論が出ないような会議をやっていては、厳しい戦乱の時代を生き残ることはできないからです。

ちなみに評定はトップダウンではありません。トップダウンとは、トップが１人で考えたことを部下に命じてやらせることです。まったく部下の意見を聞かないのですから、部下のモチベーションは上がりません。評定の場合、家臣たちは大名の前で自由に発言します。場合によっては、強い言葉で発言することもあります。発言の自由が許されていたのが評定なのです。「部下が自由に発言できる」という点において、評定とはすばらしい話し合いの場でした。

現在ではこの「究極の合意」が組織に確立できていないために、反対する人が少しでも出ることにビクビクしてしまっているのです。

なお、「究極の合意」を組織に根付かせるのは、ファシリテーターではなくリーダーの仕事です。どのようにして「究極の合意」を組織につくっていくかは、まさに組織のマネジメントの問題だからです。

合意を生むステップ①
明るく前向きな雰囲気づくり

合意形成には、「明るく前向きな雰囲気をつくる」「付箋に書かせる」「意見の整理を自分たちでさせる」「投票で決める」の４つのステップがあります。

明るく前向きな雰囲気が一体感を生む

「明るく前向きな雰囲気」のとき、「皆で話して決めたという一体感」が生まれ合意につながります。「堅苦しい会議」では一部の人しか発言できません。これで、最後に「多数決で決めよう」と言っても合意が生まれるわけがありません。「明るく前向きな雰囲気」をつくることの大切さは、すでに繰り返し説明してきました。これまでの研修でも口を酸っぱくして伝えてきましたが、これだけ強調してもまだ軽視され、実践されないことが多々あります。

一般的な会議のスキルは「意見を整理したり、まとめたりするスキル」ですが、「参加者に主体性があれば、時間内に結論を出すように話し合うし、決まった結論を守るようになる」のです。時間内に結論を出し、決まった結論を守るようになるためには、まず基本となる「主体性を引き出すスキル」を身につけることが必要です。

「明るく前向きな雰囲気」が主体的な会議の土台です。この土台がしっかりしていない状態で、いくら小手先の会議のテクニックを学んでも成果は出ません。逆に、この土台がしっかりできていれば、会議は自然といい方向に流れていきます。雰囲気づくりの詳しい方法は、51 ページを参照ください。

合意を生むステップ②
付箋に書かせる

付箋に書かせることは満足感をつくり、合意形成のために欠かせませんが、「付箋に自分の意見を書いてください」という指示は合意を妨げます。まず、その３つの理由を説明します。

自分の意見に捉われてしまう

人は紙に自分の意見を書くと、「ここに書かれたことが自分の意見だ」とその意見に捉われてしまいます。そして、「この意見を会議で通したい」と思うようになります。

会議をかき乱す困ったちゃんは自分の意見に捉われている人です。「付箋に自分の意見を書いてください」という指示は困ったちゃんを増やすようなものです。

自分の意見を持つという壁

「自分の意見を持つことが大事だ」「自分の意見を持つことは当然だ」という常識を捨ててください。発言力が弱い人は「自分の意見」と言われると、「自分の意見と言われても、そんなにしっかりした考えはないし……」という感じで固まってしまいます。

そこで、「自分の意見」ではなく**「何でもいいので、『思いついたこと』をたくさん書いてみてください」**と指示します。この指示のポイントは「何でもいい」「思いついたこと」「たくさん」の３点です。この３つのポイントを押さえて、ハードルを下げてあげましょう（60 ～ 63ページ参照）。

意見を絞りこむ弊害

自分の意見を持つということは、自分の意見を１つか２つに「絞り込む」作業です。絞り込もうとすると、脳が「ひらめきが生まれにくい」状態になります。「ひらめき」は脳が「考えに捉われていない状態」「いろいろな意見を受け入れることのできる状態」で生まれるものだからです。アイデアの天才と言われた本田総一郎氏も、アイデアが出るときは「人と話をしていて、人の話を聞いているときにひらめいた」そうです。つまり、脳が自分の考えに捉われていない状態でひらめいたということです。

そこで、「何でもいいので、思いついたことをたくさん付箋に書いてください」と指示を出します。**たくさん書き出すことで、自分の意見ではなく「たくさんの意見のうちの１つ」という客観的なものになり、書き出した意見（アイデア）に捉われなくなります。**

たくさん書き出すことには「その人の可能性を引き出す」作用もあります。たくさん書き出しているうちに、ほかのいろいろな意見やアイデアが浮かんでくるのです。これは、脳が「開かれた」状態になることで、その人の持っている可能性が引き出されたということです。

たくさん書き出すことが合意につながる

参加者が自分の意見を１～２個付箋に書いて、それをもとに話し合うと「誰の意見が良いか」という話し合いになります。それが対立的な雰囲気をつくります。口で話す会議が、対立を起こしやすいのも同じ理由です。日本人は、意見の内容と発言者を分けて考えることが苦手なために、客観的な話し合いが苦手ですが、たくさん書き出すことにより、個人と意見を分離させることになります。さらに、たくさん書き出すことは「みんなで意見を出し合った」という一体感が生まれ、合意が生まれやすくなるというメリットもあります。

合意を生むステップ③
意見の整理を促す

合意に必要不可欠な主体性を引き出すには「明るく前向きな雰囲気」をつくること、そして、もう１つ「意見の整理を参加者にやってもらう」ことが必要です。

ファシリテーターの役割① 意見の整理をさせる

日本型ファシリテーションのファシリテーター（以降、日本型ファシリテーターと呼びます）の役割の１つが「意見を整理させる」ことです。議長は意見を整理するのが仕事でしたが、実はこのことが参加者の主体性を奪っていました。参加者が「自分たちは意見を言うのが仕事。出された意見を整理するのは議長の仕事」という認識でいると議長が意見を整理する様子をただ見ているだけになります。この「お手並み拝見」が典型的な受け身の姿勢です。「自分たちには時間内に結論を出す責任はない。時間内に終わらなくても、それは議長の責任だ」と思っているわけです。

しかし、日本型ファシリテーターは、意見の整理をしません。意見の整理を参加者自身に「させる」ことにより、主体性を引き出します。

「意見の整理を参加者にやらせたら嫌がるのではないか」と思うかもしれませんが、意見を整理するのは意外と楽しいのです。人は、ぐちゃぐちゃに絡まっているものをほぐしたり、整理したりしていく作業に快感を覚えます。パズルなどが典型的な例ですね。ですので、参加者に意見を整理させても大丈夫です、嫌がる人はいません。そして、参加者が意見の整理を自分たちでしていく中で、主体性が生まれ、主体性が生まれることでさらに楽しくなっていきます。

付箋会議では、「意見を整理する」とは、「意見の書かれた付箋を模造紙に貼り出し、似たものを集め、マジックで丸囲みして見出しを付ける作業」のことです(64 ~ 67ページ参照)。付箋を使わない場合は、ホワイトボードにある程度意見が書き出されたら「ここに書き出された意見を整理するとどうなりますか？」と指示を出してください。

ファシリテーターの役割② 問いかける

議長と日本型ファシリテーターのもう1つの違いが、従来の議長は指示を出す役割であるのに対し、日本型ファシリテーターは問いかける役割である点です。

例えば、従来の会議で何かあったとき、議長は「こうしましょう！」と指示を出すのが仕事でした。皆さんも議長といえば指示を出す人というイメージではないでしょうか。しかし、議長が一生懸命に指示を出せば出すほど、参加者が「指示待ち人間」になってしまうのです。

日本型ファシリテーターは、何かあっても指示を出しません。指示を出すのではなく、**「皆さん、どうしましょうか？」と問いかけます。**人は問いかけられると考えます。そして、考えた瞬間に主体性の芽が生まれるのです。

ちなみに、議長の「意見を整理する」「指示を出す」と、日本型ファシリテーターの「意見を整理させる」「問いかける」を比べてみて、どちらのやり方が楽だと思いますか？ これは間違いなく**日本型ファシリテーターのほうが楽です。**議長1人が頑張って意見を整理したり、指示を出したりしなくていいのですから、当然ですね。

「意見を整理させる」「問いかける」ことにより、進行にゆとりが生まれます。楽ができる上、主体性を引き出すことができる、良いこと尽くめです。

合意を生むステップ④ 投票で決める

一般的な結論の決め方というと多数決しかありませんが、実は投票というやり方もあります。投票は「不満が残りにくい」画期的な結論の出し方です。

不満が残りにくい結論の出し方

最後の結論は「投票」で決めます。

投票までの流れは、「付箋に書く→グループで共有する→グループで３つに絞り込む→発表する」です。発表の後、次のように進めます。

- 発表の際に作成した、投票用模造紙を前に貼り出す（画像：投票用の模造紙を参照）

▶投票用の模造紙

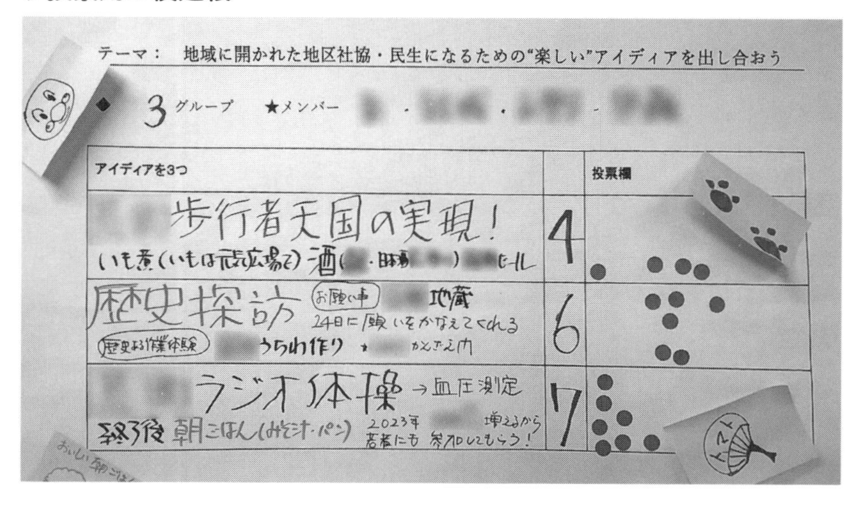

- 丸シールを票とする。1人3票で「いいと思うもの」に投票する（投票用模造紙の投票欄にシールを貼る）。

この投票が、究極の合意形成のスキル「不満が残りにくい結論の出し方」です。これまでの会議では、最後の結論を出す方法は「多数決」しかありませんでした。しかし、多数決は、結論について不平不満が出やすく、「結論は出るけど、不満が残る」やり方でした。

ここで紹介する投票は、単なる投票ではありません。「3つのポイント」に従って投票を行います。この基本を押さえて投票を行うことで、「極めて不満が少ない合意」にたどり着くことができます。

ポイント1　自分のグループには投票できない

多数決はなぜ不満が残りやすいか（合意形成が図られにくいか）というと、多数決のときに「自分の意見に手を挙げる」ことができるからです。**自分の意見に手を上げることにより、多数決が最後の「喧嘩の場」となっている**のです。喧嘩に負けたほうは不満を募らせ、最終的な決定に協力しようとしなくなります。

「自分のグループには投票できない」ようにすれば、「自分は正しい」と主張し合わないので喧嘩になりません。また、お互いに自分のグループに投票できないので、「贔屓（ひいき）のない客観的な視点で選んだ良い意見」が選ばれることとなります。そのため、参加者は投票結果を受け入れざるを得ず、不満が出にくいのです。

文章ではなかなかこの効果が伝わらないかと思いますが、やってみると効果が実感できます。ぜひ一度試してみてください。実際、私はかなり難しい会議の現場もこのやり方で乗り切り、合意を形成してきました。

なお、1つの項目に1人で複数の票を入れることはできないので、このこともあらかじめ伝えておいてください。

ポイント2　持ち票は1人3票

「持ち票は１人３票」ということもポイントです。多数決では、１回しか手を挙げることができません。多数決に不満が残る理由に、「１票しか入れられない」こともあります。例えば、多数決で手を挙げる場合、「これが一番いいけど、あれもいいなあ。でも、これもちょっと捨てがたいなあ……」というように、１つに絞り込めない「思い」があるものです。

３票あると、その思いを表現できる幅がだいぶ広がります。３票でも十分とは言えませんが、できるだけ「思いを表現できるような仕組み」を整えることが、合意形成においてとても大切です。

ポイント3　結果はランキング表で残す

投票では、結論を「ランキング表」で残します。多数決の場合、多数決で「残ったもの」と「落ちたもの」とに分かれ、落ちたものは消えてなくなります。このことが、不満を生んでいました。

しかし、ランキング表をつくることで、人気のなかった意見もランキングの下のほうに残ります。この「残っている」ということが大事で、いろいろと出された意見やアイデアが「消える」ことがなくなることで不満が軽減されます。**ランキング表は、「全ての意見を大切にして、対等に扱った」ことの表れなのです。**

ただし、意見の総数が多い場合、全ての意見をランキング表に載せる必要はありません。０票のものや票数の少ないものは掲載しなくても、その意見を考えた人やグループは自然と諦めざるを得なくなります。また、必ずしもランキング表で１位なったものから実行していくのではなく、ランキング上位の中から、もう一度優先順位を考えて実行していく方法もあります。

決まった結論が必ず実行される方法

「うちのメンバーはやる気がなくて、会議でいくら話し合って決めても実行しないんです」。こんな相談を受けることがよくあります。

しかし、原因を人の「やる気」のせいにしていては、この問題は永遠に解決できません。

「会議を行って、結論が出たらそれで終わり」にしていませんか？ 本当は、「決まった結論をどのように実行していくかまで決めておくこと」が大切です。ここまで詰めていない会議がほとんどです。

具体的には**「担当者と期限を明確にする」**ことが必要です。それに加えて、**担当がきちんと進めているかをチェックする「進捗管理担当者」を決めておけば、必ず実行されます。**

また、この進捗管理担当者を誰にするかがとても大切で、これを組織のリーダーが担うと、管理的な組織となってしまいます。主体的な組織にするためには、進捗管理担当者を「一番年下の人」にします。「若手は全体がわかってないから、進捗管理はできない」などと考えてしまいがちですが、一番年下の人が進捗管理を担当することにより、担当者はリーダーに確認されるより「やらされてる感」を感じにくく、若手も進捗管理を担当することで現場の仕事を覚えていきます。

進捗管理担当に任命することは、会議で決まった結論を確実に実行するだけでなく、最高の人材育成ともなるのです。

そして、決まった結論が実行されるようになる本質的な方法は「楽しく話し合う」ことです。みんなでワイワイガヤガヤと楽しく話し合ったことは「せっかく話し合ったことだから、実行しないともったいない」となるものです。人は理屈では行動を起こしません。つまり、結論に納得したからといって、行動するとは限らないのです。「理屈ではなく、心に落ちたときに動く」というのが人の行動原理です。納得する結論を出すだけでなく、「楽しく話し合う」ことにより、結論を実行していくモチベーションが生まれます。

COLUMN

真の働き方改革は「自由に語り合える会議」から

働き方改革が叫ばれている昨今ですが、その実態は「時短」がほとんどです。とにかく「早く帰れ」と言われるものの、「そんなこと言われても、やることはたくさんあるのだから、帰れるわけがない」というのが現場の正直な声です。

慶應義塾大学の前野隆司教授によると、職場の幸福度が高い社員は創造性が３倍になり、売上が37％アップするとのことです（人を大切にする経営学会講演資料「働き方改革と幸福学」より）。真の働き方改革とは、そこで働く人の幸福度を上げることだといえます。

では、働く人の幸福度を上げるにはどうしたらよいのでしょうか？

給料を上げる？　福利厚生を充実させる？　休日を増やす？

もちろんそれもあります。しかし、もっと根本的で、重要な要素は「自由にものが言える組織であること」です。自由にものが言えるということは、人間が組織の中で幸福を感じるためのとても大きな要素なのです。

日本型ファシリテーションは即効性が特長です。一度でもやるとその効果を実感できることが多いのです。そのくらい現場に即して作られたスキルということです。この日本型ファシリテーションを活用して「自由にものが言える会議」を実践していってください。それが真の働き方改革と言えるのです

第 5 章

実践！

会議別ファシリテーションのポイント

堅苦しい会議を変える①
基本の考え方

現場に導入しようとしても「上司の許可が得られない」「考え方が古い人が多い」といった壁に阻まれることがよくあります。これらの壁は私も散々経験してきましたが、かなり大きな壁です。

堅苦しい会議を変えるのはとても難しい

堅苦しい会議を変えようとする前に、「堅苦しい会議を変えることはとても難しい」ということは肝に銘じておかなければなりません。

本書の読者をはじめ、会議の研修を受けるような前向きな人は特に、「よし、この方法で変えてみせるぞ！」と頑張った結果、うまくいかず「撃沈」するということがよく起きます。

がむしゃらに変えようとしても、まず上手くいきません。本書で紹介したスキルを単純に真似するのではなく、**これから説明することをしっかりと理解してから取り組んでください。**

無理に変えようとしてはいけない

「堅苦しい会議を変えるのはとても難しい」のですから、無理に変えようとしないことです。無理に変えようとすると、「この人は何をこんなに熱くなっているんだ？」と周囲との温度差が生じてしまいます。一度そうなると、そのあと何かやろうとしても「またか」と思われるばかりで周囲の協力を得られず、何もできなくなります。しっかりと作戦を練ってから実行してください。

具体的には、次の４つのポイントに注意します。

① ファシリテーションのスキルを十分に身に付けてから

一般的な会議を変えようという場合なら、「とにかくやってみよう」の精神でいいのですが、「堅苦しい会議」つまり「変えるのが難しい会議」を変えようとするときには、それは無謀というものです。

また、研修や本を読むといった「勉強」だけでは「わかった気になっているだけ」です。実践の中でスキルを磨いてからにしてください。具体的には、身内の会議で実践して慣れたところで、身内の会議ではないけれどやりやすい簡単な会議で実践します。

間違っても、初めての実践の場が「堅苦しい会議」にならないようにしてください。

② 1人でやろうとしない

1人だけで頑張ると「あの人、何だか張り切ってるなあ」と、やはり周囲と温度差が生じてしまいます。

堅苦しい会議を変えるには「まず仲間を増やしてから」です。仲間と「こういう会議にしたいんだけど、どうすればいいかな？」などと相談しながら進めてください。

③ タイミングを見る

会議を変えるときに一番大事なことは、「タイミング」です。とても大切なことなので、次項で詳しく説明しますが、日常的にやっていた会議を、突然「今日から変えます」と言っても抵抗されるのは目に見えています。ここぞというタイミングを待つことが大事です。

④ 段階を踏む

堅苦しい会議を変えるとき、最終目標は付箋会議に変えていくことです。しかし、堅苦しい会議に「付箋」を導入するのはなかなか大変です。まずホワイトボードを使った会議に変えるところから始めてみてください。

雰囲気づくりと会場設営が基本

「会場の設営」と「雰囲気づくり」の２つは基本中の基本です。「とても飾り付けができる空気ではない」とか「明るい雰囲気づくりができる気がしない」と言う人がいますが、私はそんな難しい会議でも、「会場の設営」と「雰囲気づくり」を行ってきました。だからこそ会議を変えることができたのです。

どんなに難しい会議でも、57ページで紹介した「会場設営８のポイント」のうち、最低でも「実物の資料を用意する」「手書きの模造紙資料を貼り出す」は必ず行うようにしてください。

会議を変えるのはリーダーの仕事

会議を変えるのはファシリテーターの仕事ではなく、組織のリーダーの仕事です。ファシリテーターはあくまでも会議の進行役であり、会議の形を決めるのは組織のリーダーです。会議のやり方を変えることは、そのくらい大変で大きなことなのです。

ファシリテーターは自分１人で変えようとしないで、組織のリーダーとよく作戦を練って進めてください。決して、ファシリテーター１人でなんとかしようと考えてはいけません。

問題のある会議を変えたいと思うなら、まずはその問題の根っこを正しく把握する必要があります。

例えば、「参加者の中で発言力がある人ばかり発言している会議」の場合は、会議手法の問題です。そもそも「発言力がある人」が問題なのではなく、発言できない人が多く、発言力のある人が目立ってしまっていること……つまり発言力の差が問題なのです。これは、発言力の弱い人が発言しやすくなる工夫や、発言力の差をなくす付箋会議など、まさに日本型ファシリテーションで対処できます。

しかし、「管理職ばかりが発言している」場合、これは会議の問題ではなく本質的には「組織の問題」であり、「組織のマネジメントのスキル」で対処すべき問題です。そして、それを何とかするのはファシリテーターではなく組織のリーダーの仕事です。組織が変わらなければ根本的な解決はありません。

「管理職ばかり発言する会議」の処方箋

そこを踏まえた上で、「管理職ばかり発言する会議」を変えるには、やはり本書で紹介している附箋会議を行うことが有効です。附箋会議なら、発言力の差に左右されることがなくなります(第3章参照)。

また、別に「管理職の話を聞く会」を設けることをオススメします。「うちの上司は何を考えているのかわからない」という不満は組織につきものなので、上司の思いを理解する場を設けることは大切です。

しかし、管理職は伝えたい思いがあっても、ただ一方的に説明するのでは「また課長の独壇場か」などとうんざりされ、あまり聞いてもらえませんし、それでは部下もなかなか動きません。

60分間、管理職が自分の伝えたい思いを滔々と語るよりも、30分ほどに短くまとめ、残りの30分で対話の場をつくる(附箋を使って「管理職の考えを聞いてどう思ったか」を出し合う)ほうが、管理職の思いが伝わり、部下の意識も高まります。

「誰かの話を聞いている姿」は受け身です。受け身の姿勢では行動につながりません。また、「理屈では動かない」という人の行動原理からも、どんなにわかりやすく説明して頭で理屈を理解してもらっても部下は動きません。ほんの短い時間でも語り合う場をもつことにより、ただ聞いているだけのときよりも、管理職の思いを部下に浸透させることができます。自分の思いを伝えるためにも、対話の場を活用してみてください。

堅苦しい会議を変える②
会議を変える5つのタイミング

堅苦しい会議をがむしゃらに変えようとしても、うまくいきません。会議を変えるには、まず実践を積み、自身のスキルを磨きながら、そして、ここぞというタイミングで打って出ることです。

堅苦しい会議を変える５つのタイミング

会議を変えるのに適した５つのタイミングを紹介します。いつもの会議を、ある日突然「今日から変えます！」と言っても、参加者は「なぜ変える必要があるんだ！」と抵抗します。

参加者が導入について納得するためには、「会議のやり方を変える理由」が必要です。この理由を説明できるタイミングを見逃さないでください。

① 今までにない新しいプロジェクトを始めるとき

会議を変えるのに一番良いタイミングは「今までにない新しいプロジェクトを始めるとき」です。「今回は、今までやったことがない事業ですので、参加者全員で自由に話ができるような新しい形で話し合っていきたいと思います」と説明をすれば、自然に会議を変えることができます。

② 大きな問題について話し合うとき

「今回の議題はとても大きな難しいテーマです。参加者の皆さんにどんどん発言してもらうために、新しい会議のやり方でやってみたいと思います」と説明することができます。大きな問題が起きたときは、会議を変えるチャンスと前向きに捉えてみましょう。

③ 締め切り厳守の会議のとき

結論を出す期限が決まっている場合も、会議を変えるチャンスです。「○○までに結論を出す必要がありますが、期限までにもうあまり日がありません。そのため、今回は新しいやり方で進めてみたいと思います」などと、理由付けができます。

④ 年度やメンバーが変わるとき

「今年度からは参加者全員が自分の思いを語れるように、新しい形で話し合っていきたいと思います」や「これから新しいメンバーでやっていくので、皆さんが自由に発言できるように、新しい会議のやり方で進めていきたいと思います」などと説明ができます。

⑤ ゲストメンバーを入れるとき

ゲストメンバーとは、いつもとは違うメンバーのことです。いつもと違うメンバーが入ると、会議に良い意味での緊張感が出ます。そこで、「今日は○○さんが参加してくださっているので、いつもとはちょっと違ったやり方で進めていきたいと思います」などと説明します。

つまり、会議を変えたいなら「ゲストメンバーを呼んでくる」ことも、1つの手段として使えるわけです。そのゲストメンバーが、日本型ファシリテーションを経験したことのある人だとなお良いです。

なお、「～なので新しい会議のやり方で進めていきます」と説明するのはファシリテーターではありません。既に説明したように、会議のやり方を変えるのは組織のリーダーです。したがってこのセリフは管理職に言ってもらうようにします。そのために、事前に管理職と会議の進め方について充分に打ち合わせをしておくことが大切です。

会議別運営のポイント〈庁外〉意見を聞く場

個々の会議について、どのような特徴があり、また、第３章・第４章で紹介したスキルを活用しながらどのように変えていくかを説明します。まずは「庁外の会議」から見ていきましょう。

意見を聞く場は修羅場になる

まず、念頭に置いてほしいことが「意見を聞く場は100％修羅場になる」ということです。これは職員の皆さんも一度は経験しているかと思います。市民の意見を聞くときに、職員が始めに必ず言う「皆さん、本日は忌憚のないご意見をお願いします」というセリフ、実は、これが修羅場の原因なのです。「忌憚のないご意見をお願いします」と言うことは、「今日はわがまま放題、言いたい放題言ってください」と言っているのと同じです。

市民の意見を聞くことはとても大切です。「聞く姿勢」では、地域の人が不平不満を言うだけの場になってしまいます。大切なことは、「地域の人と行政が一緒になって語り合う対話の場をつくること」です。それが「協働のまちづくり」です。

「意見を聞く場」から「対話の場」へ

既存のやり方で市民の意見を聞く場を開催することは、地域に行政に対してものを言う人を増やすようなものです。決して、まちづくりに主体的な人を増やすことにはなっていません。これからは「意見を聞く場」ではなく「対話の場」を増やしていくようにしてください。

ちなみに、全国で行われているタウンミーティングは、典型的な「意見を聞く場」です。また、「市長とのタウンミーティング」のような市長と語り合う場もよく見られますが、実際には、一方的に市民が市長に要求を突きつける「市民の意見を聞く場」になっていることがよくあります。この場合も、日本型ファシリテーションを活用して「皆で語り合う場」にすることで、より主体的な場となります。具体的には、次のようなやり方を例に挙げることができます。

■市長とのタウンミーティングの進め方

① グループをつくる（講義形式にしないように）
② 雰囲気づくりもしっかり行う
③ はじめに、市長が自分の思いを語る（約30分）
④ 付箋に市長の話を聞いて思ったことを書いてもらう。このとき、青い付箋に「良いと思ったこと」、ピンクの付箋に「気になったこと」を書いてもらう（良い点と悪い点の両方を書いてもらう）

市長の話のあと、「何かご意見はありますか？」と聞くと、このような場面における人の心理としては基本的にネガティブに考えるため、市民は問題点や悪いことばかり挙げるようになります。そこで、**「良いと思ったこと」を書いてもらうことにより、バランスのとれた意見が出るようになります。**

私の経験から言っても、たとえどんなに評判の悪い施策についてであっても、「付箋に良いと思ったことを書いてください」と指示すると、意外にたくさん書いてもらえます。付箋に書かれたものを整理して、その上でまた市長が自分の思いを語る形にするだけで対話型に近づき、「一方的に市民の話を聞く場」から脱することができます。

会議別運営のポイント〈庁外〉実行委員会

思いの強い人が集まる「実行委員会」

プロジェクトやイベントの実行委員会を市民と行政でつくるとき、実行委員がやる気満々のために、いろいろな意見が出てなかなかまとまらない、ということがよく起きます。前向きな人が集まっているので、本来は主体性のない人たちが集まった会議よりもやりやすいはずなのにそうはいきません。

イベントやプロジェクトの実行委員会の特徴は、「思いの強い人が集まっている」ということです。この場合、口で話す会議（空中戦会議）では話し合いはまとまりせん。思いの強い人が集まった会議こそ、「書く」ことをベースにした付箋型会議が適しています。

また、主体的なメンバーが多い実行委員会は、比較的Web会議に適した会議であるといえます（Web会議の詳細は第6章を参照）。もしメンバーがWeb会議に慣れているなら、大いに活用してください。ただし、初回の会合はリアルの会議で行うことと、ときどきリアルの会議も挟むようにすることに気をつけてください。

まずは楽しい雰囲気をつくる

実行委員会を運営するときのコツは、1回目の会議で「楽しいことを話し合う」ことです。一般的な実行委員会では、初回の会議で企画趣旨を説明して、コンセプトや考え方、目的の共有を行います。これはとても大切ですが、やってみると意見が出すぎてなかなかまとまりません。それぞれ強い想いを持った人が集まっているわけですから、当然といえば当然です。

そこで、１回目にコンセプトの共有ではなく、今後の実行委員会の運営方針を共有します。運営方針とは、**「楽しくやっていこう」「一部の人だけでなく皆でやっていこう」という方針です。**この方針が委員の間で共有されると次回以降の委員会の運営がしやすくなります。

この運営方針を共有する一番良い方法は、「イベントの楽しい愛称を考えよう」をテーマに話し合うことです。例えば、「○○市福祉関係職員交流会」というイベントを行う場合、この正式名称は堅苦しいですよね。この堅苦しい名前のまま進めると、どうしても会議そのものが堅苦しくなります。そこで、楽しい愛称を皆で話し合うと、とても盛り上がり楽しい会議になります。そして、その日の最後に委員長が「今後も今日のように、楽しさと委員の皆さん全員の思いを大切にしながら進めていきたいです」と締めます。このときの話し合いの方法は次項を参照ください。

運営方針を決めるのは誰？

運営方針を共有するにあたって肝に銘じておいてほしいのが、実行委員会の方針は事務局が決めるものではないということです。事務局が「この実行委員会は○○のようなやり方で進めていきます」などと言うことで、事務局が会議の進め方を決めているように思われてしまうと、事務局への不満が出やすくなってしまいます。

そこで、方針については、会長や代表と事前にしっかりと打ち合わせをしておきます。そして初回の会合で「この実行委員会は、全員が発言できるようなやり方で、明るく前向きにやっていきたいと思います」というようなことを、会長や代表に述べてもらうようにします。

会議別運営のポイント〈庁外〉対話の場

今後ますます重要になる対話の場

「会議から対話の場へ」これが近年の流れです。行政職員にとっては特に、まちづくりの話し合いにおいて、市民と職員が一緒になって語り合う対話の場が今後重要になってきます。

そこで、日本型ファシリテーションを使った市民と行政が一緒になって地域について語り合う対話の場（以降、サロンとする）を具体的にどのようにやっていくかを紹介します。

160分サロンの流れ

160分サロンの流れの一例を紹介します。なお、この場合も事前の「雰囲気づくり」と「会場設営」をしっかり行うようにしてください。

■開始前の準備

- 机はグループ形式に並べる（1グループ4～5人がベスト）
- グループの数は5～6グループ（グループ数が多いと発表時間が長くなってしまう）
- 職員もグループに入り、市民と話し合う（各グループに1～2人の職員が必ず入る）
- 事前の「雰囲気づくり」と「会場設営」をしっかり行う

■開始後

① アイスブレイク（12分）

② はじめの挨拶（２分）

③ グループの自己紹介（10分）

④ サロンの３つのルールを説明（① 自分ばかり喋りません、② 頭から否定しません、③ 楽しい雰囲気を大切にします）（５分）

⑤ テーマの説明（３分）

⑥ 付箋への書き出し（説明も含めて10分）

⑦ グループで共有（説明も含めて30分）

⑧ 休憩（15分）

⑨ グループで絞込み（30分）

⑩ グループ発表（発表の練習時間５分を含む、１グループあたり2分、計20分）

⑪ 投票（８分）

⑫ 講評（３分）

⑬ アンケート（８分）

⑭ 終わりの挨拶

⑮ 閉会宣言

アンケートをしっかり書いてもらうために、アンケートの記入が終わってから「終わりの挨拶」をするようにします。

また、サロンを開催するときに気をつけることは、「主催者とファシリテーターの分離」です。サロンについて参加者からいろいろな質問が出ます。例えば、「ここで出されたアイデアは、どのように実行していくつもりですか？」という質問がよくあります。この質問にファシリテーターが答えることが多々ありますが、その質問に答えるのは主催者の仕事です。この点によく注意してください。

会議別運営のポイント〈庁外〉
住民説明会

修羅場になる住民説明会

住民説明会は、皆で集まって語り合う場ではなく、行政の考えていることを住民に理解してもらう場です。会議ではありません。話し合いの５つのレベル（34ページ参照）のレベル２にあたり、会議よりも簡単であるはずなのですが、この住民説明会が修羅場になることが多々あります。住民から行政に対する要求の突きつけや怒りをぶつけられ、職員が返答に困ってたじたじになる。読者の皆さんの中にも、こういう経験のある方は多いのではないでしょうか。そんなわけで、多くの職員はこの住民説明会に苦手意識を持っています。

修羅場の大きな原因

住民説明会は会議ではありませんが、日本型ファシリテーションのスキルを使い、単なる説明ではなく「対話」を導入することで、修羅場を避けられるだけではなく前向きな場になります。私はこれを「対話型説明会」と呼んでいます。

修羅場をつくる原因の１つが「講義形式」に机を並べていることです。参加者が前を向いて座り、行政職員は正面に一列に机を並べ、そこに座って説明をするというやり方は、それだけで対立的な雰囲気をつくります。そこで、机の配置はグループをつくるようにします。

職員の座る場所は事務方の２人くらいは前に座っても構いませんが、あとの職員はグループのメンバーとして話し合いに参加するように座ります（各グループに１～２人ずつ）。このようにして、会場の前方に職員用の机が並ばないようにし、対立的な雰囲気を抑えます。

そして、司会は明るい雰囲気でアナウンスをするようにします。これがとても大切です。**住民説明会の司会は、どこも暗すぎます！** 司会が「堅苦しく暗い雰囲気」であることも、説明会を暗くする大きな原因の１つです。「まじめな場だから、司会も堅くないとダメだ」と思いがちですが、それは大間違いです。**司会はできるだけ明るく、前向きな口調で話してください。そのために、事前に明るく話す練習をしておいてください。**ぶっつけ本番では、まずうまくいきません。また、ここでも会場の飾り付けを忘れずに行いましょう。楽しい飾り付けは難しいとしても、せめて殺風景にはならないようにしてください。

対話型説明会の進め方

約100分で行う「対話型説明会」の一例を紹介します。

■ **100分の対話型説明会の流れ**

① アイスブレイク（10分）
② はじめの挨拶（２分）
③ グループの自己紹介（10分）
④ 職員による説明（20分）
⑤ 付箋に思ったことを書き出してもらう（５分）
⑥ 付箋に書き出されたものを共有する（15分）
⑦ グループで出た意見や質問をグループの代表が発表する。書記はホワイトボードに板書する（10分）
⑧ ホワイトボードに書かれた⑦の内容に答えていく（15分）
⑨ アンケートの記入（８分）
⑩ 終わりの挨拶（２分）

④ の説明時間は20分くらいが目安です。長くても30分以内にまとめるようにします。説明するときのポイントは次の3つです。

•「全部をきちんと」説明しようとしない

全部をきちんと説明しようとすると、長くなり難しくなります。概要だけを伝えるつもりで構いません。詳しい部分については資料を配布しておくようにします。説明を聞いただけで、全て納得することはまずありません。どんなにきちんと説明しても、疑問や疑念が消えることはないのです。**人は「自分の思いを語りながら納得する」からです。**「説明で完璧に理解してもらおう」と考えるよりも、要点をわかりやすく話すことを心がけてください。

しかし、**「じっくりと説明することが必要だ」という場合もあると思います。**そういう場合に必要なのは対話の場です。**そのときは、説明会ではなく対話の場を開催するようにしてください。**

•説明者は自分の言葉で語れるように練習をしておく

通常、職員は説明の練習をしません。事前の資料は作りますが、リハーサルなしのぶっつけ本番です。そして、本番では心のこもっていない、ただ手元の資料を読み上げるだけの棒読みの説明になります。説明が市民に届かないのは、行政が形式的な言葉で説明するからです。説明者は事前に何回も、説明の練習をするようにしてください。資料を読み上げるのではなく、資料について行政の「思いを語りかける」ようにします。その際、できるだけ人間味のある言葉を選ぶようにしてください。

•説明者だけが前に出て説明をする

一般的な説明会の場合、行政職員が前にずらりと座り、説明者もその中にいます。すでに述べたとおり、その配置が対立的な雰囲気をつくっています。説明者も他の職員と同様に、グループの中に入り、必要なときだけ前に出て説明するようにします。

個人と行政間の対立構造を避ける

説明のあとのお決まりのセリフに「今の説明について質問はありますか？ 忌憚のないご意見をお願いします」がありますが、これこそ修羅場へと導く「悪魔のセリフ」です。まず問題なのが「忌憚のないご意見をお願いします」です。これは「言いたい放題言ってください」と言っているようなもので「よし、じゃあ言いたいこと言わせてもらうぞ」と参加者を戦闘モードにしてしまう、とても怖いセリフです。

もう１つの問題は、「質問はありますか？」と全体に問いかけている点です。そうすると、質問がある人が「個人」で手を挙げます。しかし、個人の質問を受けて、個人に答えてしまうと、個人と行政職員の間に対立的な雰囲気がつくられてしまいます。

「質問はグループでまとめて、グループで質問する」ようにすると、冷静に話し合う雰囲気が生まれます。説明が終わったら「今の説明について、思ったことを付箋に書いてください」と指示し、書き出してもらいます。このとき、単に「思ったこと」を書いてもらうとネガティブなことが多く書かれてしまうので、付箋を２色用意し、例えば青の付箋に「良いと思うこと」、ピンクの付箋に「気になること・質問」を書いてもらいます。説明会では、時間がないので絞り込みや投票はせず、共有だけ行います。質問を各グループ２つ選ぶように指示し、職員は発表された質問をホワイトボードに書き、**グループに対して**回答していきます。

最後は主催者が心を込めて語りかける

事務的な終わりの挨拶では、参加者に思いが伝わりません。ぜひ、最後は主催者が心を込めて、住民に語りかけるようにしてください。

そして、「このあとアンケートの記入もお願いするので、そこにも思ったことを記入いただければと思います」と言って締めくくります。

会議別運営のポイント〈庁内〉部署内の会議

まずはホワイトボードの導入から

庁内の会議を変えていくには、基本的には本章の最初に紹介した「堅苦しい会議を変える」を活用してください。庁内の会議は典型的な堅苦しい会議で、ポイントを押さえないとまず変えることはできません。

庁内の会議に共通する特徴は、参加者のレベルがある程度一定であることです。もちろん個人差はありますが、庁外での会議に比べ、ある程度レベルがそろっています。そのため、本来、会議がやりやすい環境にあるはずなのですが、うまくいっていないのが現状です。そこで、庁内の会議を変えたいなら、日本型ファシリテーションの導入を考える前に、まず「ホワイトボードに書く」ことから始めてください。

会議の質は管理職に左右されがち

部署内の会議の特徴は「仲間内の会議」というところにあります。人数も少なく、気心の知れたもの同士という場合が多いという点で、会議の自由度が高く、日本型ファシリテーションの導入や新しい工夫などいろいろなことがやりやすい環境です。しかし、その反面、部署をまとめる課長・係長といった管理職の意識により、会議の質が大きく左右されるため、管理職の意識が高ければ、積極的に新しいことに取り組むことができますが、そうでない場合はどうしても既存の古いやり方になってしまいます。

日常のコミュニケーションを大切にする

部署内の会議のもう1つの特徴が「現場の会議」であることです。参加者である職員は、それぞれ自分の担当業務を持ち、それについて日々悩み実践しています。私は研修で**「事務机に座って自然と出てくる会話こそ、最高の会議だ」**といつも話しています（126ページ参照）。同じ現場の人間が集まっているのですから、わざわざ会議を開くよりも、日常の中でコミュニケーションを図ることのほうが有益です。きちんとコミュニケーションがとれていれば、忙しい中で何度も会議を開催する必要はありません。

とは言え、会議をやらなくていいということではありません。部署としての決定をするには会議を開かなければなりませんし、部署内でお互い何をやっているのかを共有し、助け合っていくためにも、会議というより情報共有の場が必要になります。

自分の部署から役所の会議を変える

アイデア出しをするような話し合いの場合は、ぜひ付箋会議を実践してください。また、「書き出す会議」を庁内に広めていくためには、まず自分の部署の会議で実践するところから始めましょう。

付箋を使う会議に慣れないうちは、会議で部署の誰かが発言したことを、あなたがどんどん付箋に「勝手に」書き出していき、そして、その書き出した付箋をホワイトボードに「勝手に」貼り出していくというやり方もあります。付箋を使うことでどのような効果があるか体感してもらうのです。そうすることで、付箋に書いて貼ると意見が可視化されるのでわかりやすく、整理もしやすいという付箋の良さを実感してもらうことにつながり、部署の会議に付箋会議という手法をスムーズに導入できるようになります。

会議別運営のポイント〈庁内〉職階別の会議

典型的な「空中戦会議」

部長会議や課長会議といった「職階別の会議」は一番変えるのが難しい会議です。なぜなら、このクラスの職員には、既存の古いやり方に捉われ、変化を嫌う人が多いからです。

さらに、同じ職階ということで気心が知れていることもあり、「今さら、新しい会議の手法なんて必要ない」「そんなことをしなくても、皆自由に発言できている」と思っている人がほとんどです。

そのため、職階別の会議は典型的な「口で話す会議＝空中戦会議」となっています。ただし、会議でいちばん大切なことは、自由に発言できる雰囲気があることです。本当に全員が自由に発言できる会議になっているのなら、現状の会議が空中戦会議であっても無理に変える必要はありません。

自分ができることをやる

職階別の会議では、会議の進行を担う担当職員として、参加者に話し合いのために何かをお願いするということはなかなか難しいと思います。こういう場合は、参加者に何かやってもらおうとするのではなく、担当職員は「自分に何ができるか」を考えるようにします。

ホワイトボードをまだ使っていないなら、ホワイトボードを導入して積極的に活用し、その場で出てきた意見をどんどんボードに書いていくところからスタートします。

決して、最初から「この会議を変えてみせるぞ！」と意気込むのではなく、「少しだけ雰囲気を変えてみよう」など、的を絞って少しずつ工夫してみることをオススメします。

少しだけ雰囲気を変えるには、51ページで紹介したスキルや本章の最初の「堅苦しい会議を変える」で紹介したスキルを実践してください。

議事録や資料を工夫し、効率的な会議を行う

できるだけ効率よく行うための工夫をすることも、変化をもたらすきっかけになりますし、参加者からの抵抗も抑えられます。あなたが担当となったことで会議が効率的になったと感じてもらえれば、そのあとの会議の改善もやりやすくなるからです。改善は「ほんの少しの変化」で構いません。大改革案を考えるのではなく、「今までのやり方をほんの少し変える」程度の改善を積み重ねていくことがコツです。そのほうが簡単ですし、反対されにくいという利点もあります。この効率的な会議のスキルに関しては、欧米型ファシリテーションが得意としているところなので、そちらも参考にしてみてください。

また、議事録は会議が終わったあと1時間以内に配るなど、スピード感を見せることも有効です。昔、私が会議担当だった頃は、会議後、事務所に1人残って速報をその日のうちに作り上げ送付していました。速報は、会議の様子の写真1枚と会議の結果をA4 1枚にまとめたもので、半分は写真で占められているので文字数はそんなに必要ありません。とにかく概要のみをまとめた速報を出し正式な議事録はそのあとで作ります。そのくらいのスピード感を持つことが重要です。

さらに、実物の資料や地図や写真など、ビジュアルに訴える資料を必ず用意するようにしてください。こういう細かな積み重ねから「会議を変えることのよさ」を体験してもらうようにします。

会議別運営のポイント〈庁内〉
審議会・委員会・有識者会議等

最も堅苦しい「THE お役所会議」

庁内の会議の中で最も堅苦しいのが、審議会・委員会・有識者会議です。高い地位の人が集まるので、失礼がないよう細心の注意を払うこととなります。参加者の主体性を引き出すために「お茶は自分で取りに行ってください」「名札は自分で書いてください」と指示すると述べましたが、このような場ではさすがに言えません。

しかし、このような配慮が審議会・委員会・有識者会議をダメにする原因となります。行政が会議の準備をするということは、つまり「お膳立て」です。このお膳立てが、参加者をわがままにし、「おい事務局、あれはどうなっているんだ！」「まだこんなこともできてないの？」などの不平不満につながります。こういうセリフが出るような状態だと、「市民の思いを大切した施策を考えよう」という考えにはなりにくく、委員が自分の意見を言い合うだけになり、「市民の思い」はどこかに行ってしまう話し合いとなります。

資料用の模造紙を貼り出すところから

堅苦しい会議を変えるのは大変だから「これを変えるのは無理だ！」と最初から諦めないでください。打つ手はあります。

まず、「この会議を変えるぞ！」と力まないでください。できることから少しずつやっていくようにします。最初のうちは、模造紙に手書きした資料を、壁やホワイトボードに貼り出すところから始めてみてください。これだけでも場の雰囲気はかなり変わります。しかも、これなら会議の資料の見せ方を工夫しただけですから、参加者からクレームがくることもありません。

お菓子を用意する

参加者にお菓子を食べてもらうこともぜひやってみてください。私の経験から言って、工夫次第で、どんなに堅苦しい会議でも参加者にお菓子を食べてもらうことはできます。

普通にお菓子を出してもあまり食べてもらえませんが、「先日、○○に出張に行ったときのお土産です。食べてみてください」などと「意味づけ」をすることで食べてもらえるようになります。そして、一度でも参加者がお菓子を口にすると場の雰囲気は一変します。お菓子の食べさせ方について、詳しくは59ページを参照してください。

キーマンを見定める

キーマンの協力は大きなチカラになります。審議会・委員会・有識者会議を変えるときのキーマンは、委員長や会長・座長といったトップです。まずは、トップとしっかり打ち合わせをしてください。しかし、トップ以外にもキーマンと呼べるような人はいます。委員のメンバーをよく観察してキーマンを見定めてください。

そして、キーマンがわかったら、率直に思いを語り、協力をお願いしてみてください。断られることはほとんどありません。少なくとも、前述の「模造紙や拡大した資料を、壁やホワイトボードに貼り出す」「お土産のお菓子を配る」ついては、まず反対されないはずです。

審議会・委員会等を変えた実践例として、後ほど茨城県五霞町の実践を紹介します。審議会・委員会を変えたくても、どうしたらいいかわからず苦労してきた人はたくさんいると思います。五霞町の実践はそういった職員にとって重要な参考事例になると思います。

会議別運営のポイント〈庁内〉組織横断型会議

縦割り行政からの脱却！　組織横断型会議

縦割り行政の弊害は、昔から叫ばれているところです。職員の皆さんも、常日頃「自分たちの部署だけでやらないで、ほかの部署と協力できれば、もっと効率的にできるのに……」と感じながら、業務をこなしているのではないでしょうか。この縦割り行政のために、「人材をフルに活用することができない」「一致団結しにくい」といった問題が生まれ、それによって市民に不都合や不便が起きてしまっています。

このような現状を変えるためにも、できるだけ組織横断型会議を開催していくことが今後、必要となってきます。実際、企業がイノベーションをはかる際には、組織横断型会議の開催が必須です。

現在、民間企業にも縦割りの弊害やそれについての危機感があり、続々と変革に取り組んでいます。この危機感が行政にはあまりないことが一番の問題ともいえます。

組織横断型会議の大きなメリットとして、多様な部署のメンバーが集まって話し合うため、横の連携がとりやすくなる点、話し合ったことが組織内に広まりやすいという点があります。この２つの特長があるため、組織の変革にはもってこいの会議となっているわけです。

導入のタイミングを見極める

組織改革を進めるにあたり効果の大きい組織横断型会議ですが、この会議体を立ち上げて運営していくのは大変です。せっかく立ち上げても、現場では多くの場合「また会議が増えたなあ……」などと後ろ向きに捉えられてしまうものです。トップダウン的に組織横断型会議を始めようとするとこうなります。そして、この会議のメンバーになった職員は、他部署から理解が得られず、苦労している職員がほとんどです。

そこで、組織横断型会議を導入していく際には工夫が必要です。

１つ目の工夫は、タイミングです。すでに述べたように、**庁内の会議を変えるためにはタイミングが一番大切です。**これまで普通にやってきた会議を、工夫もなくただ変えようとしても、反対意見に潰されるだけです。

一番良いタイミングは「新しい企画がスタートするとき」です。「これから○○という新しい企画がスタートします。この企画は庁内で一致団結して取り組んでいきたいと考えています。そのために、新たに組織横断型の会議体をつくって進めていきたいと思います」と説明します。

事前のプレゼンで士気を高める

もう１つの大切な工夫が、**会議を立ち上げる前に「新しい企画の素晴らしさについて庁内の認知度を上げておくこと」**です。

単に組織横断型会議を立ち上げるのではなく、様々な機会を使って、各部署で新しい企画についての思いを語り、意見を出し合って「この企画を成功させるぞ」という雰囲気をつくり出すのです。この雰囲気ができてから会議を立ち上げるようにすれば、組織横断型会議が本来持つ大きな力を存分に発揮することができます。

よく「庁内の志気を高める」ことをしないまま組織横断型会議を立ち上げ、結果うまくいかないということが起きています。それは「組織横断型会議を立ち上げることにより、庁内の志気を高めよう」と考えているからです。それでは順序が逆なので注意してください。

実践事例① 茨城県五霞町「まち・ひと・しごと創生有識者会議」

堅苦しい有識者会議を変えた素晴らしい実践例があります。それが茨城県五霞町の「まち・ひと・しごと創生有識者会議」です。その立役者である、茨城県五霞町役場の堀山康行さんにお話を伺いました。

ちょっとした工夫の積み重ねが成功のモト

「まち・ひと・しごと創生有識者会議」は五霞町の創生について、地位のある人々が集まって話し合う、典型的な堅苦しい会議でした。

そこで、日本型ファシリテーションを活かし、小さな工夫を重ねました。例えば、限られた時間で活発な意見をもらえるよう少人数にする、プログラムを配布し流れや終了時刻を明示する、初会議では「最近あった楽しかったこと」の報告と合わせた自己紹介にしてもらう、などです。また、日本型ファシリテーションでは雰囲気づくりが重要になるため、幼稚園児が描いた笑顔の似顔絵を飾る（ちなみに会議とは全く関係ありません。でも効果大！）、委員が作っている干し芋や五霞の食べ物・飲み物で話題を提供する、付箋と色ペンなどはカラフルなものを用意して場を華やかにする、喫茶店で流れるような音楽を流す、日当たりや照明に気を遣うなど、いろんな工夫をしました。

また、堅苦しい会議を変えることは大変です。いきなり参加者に付箋を使わせることもできないので、会議ではこんな実践を行いました。

① ロの字型に並べられた机の、空いている中央の空間に机２台とホワイトボードを置く（机の配置には毎回こだわっています！）
② その机に職員を１人配置し、委員の発言を付箋に書く

③ ホワイトボードの前にも職員が1人立ち、順次②の付箋をボードに貼られた模造紙に貼っていく
④ ③の付箋がある程度溜まったら、似たもの同士を集めて、マジックで丸をつけ、見出しをつける

これなら参加者の負担は全くありません。そのうち、参加者が付箋を見ながら発言をするようになっていきました。4回目からは参加者に付箋を配って自分の思いを書いてもらうようにし、徐々に付箋を使った話し合いが根付いていきました。

また、私ともう1人の担当が男性だったので、会議の雰囲気を明るくするため、元気な女性職員の関根美帆さん（現在はファシリテーター兼グラフィッカーでもあります）に協力してもらいました。会議について参加者からの評判も良く、参加者が会議を通じて、「五霞町をよくしたい！」「自分も何か力になりたい！」と自分事として真剣に考え、行動してくれるようになったのが大きな成果だと思います。

参加者も自分も嬉しい日本型ファシリテーション

当初は欧米型ファシリテーションで運営・進行していたのですが、その頃は自分が話し合いをしっかりリードしなければという気持ちが強く、焦ったり力んだりしていました。日本型ファシリテーションでは、モノの仕掛けやちょっとした工夫をするだけなので、初めて実践したときは「こんな楽でいいんだ！」とビックリしました。

エネルギーや時間をかけるポイントを変えただけで、「参加者が笑顔になる」「楽しいから2回目以降も喜んで参加してくれる」「どんどん前向きになる」「会議に協力的になる」「会議後にアクションが起こる」と、信じられないくらいに良いことづくめです。楽しいときに人の気持ちは動く、納得感が形成されるということを日々実感しています。ぜひ、肩の力を抜いて、楽しんでやってみてください。

実践事例② 静岡県裾野市「みらい建設部の活動」

「楽しい対話の場」の実践を続ける、研修の卒業生が立ち上げたNPO法人「みらい建設部」について、事務局を務める静岡県裾野市役所企画部戦略広報課の宮坂里司さんにお話を伺いました。

社会関係資本を育む日本型ファシリテーション

2012年から、今では全国の市町村が進める市民協働の担当になりました。進めるにあたり、市民の皆さんと暮らしの課題を一緒に悩み・考えることをすべきだと考えていたのですが、進め方を悩んでいました。そんなとき、県主催の研修で日本型ファシリテーションと出合いました。「空気を読む」という言葉に代表される、日本人ならではのコミュニケーションの特長を利用した日本型ファシリテーションは、話し合いの雰囲気も自然ですし、多くの人の出番をつくることができるので、参加者の満足度は高いだろうと感じました。

実際にやってみて、参加者が打ち解ける姿が見られ、社会関係資本が構築されていく点でも、従来の会議との違いは明らかでした。また、女性や子ども、地域で役職を担っていない住民など、性別や属性に関係なく、平等に話し合えることも大きなメリットだと感じます。

現在、研修の受講生有志で立ち上げた「特定非営利活動法人みらい建設部」として活動を行っています。活動内容は、会議ファシリテーターとして日本型ファシリテーションを活用し、楽しい話し合いの進行、地域・組織の活性化に資する話し合いの企画・コンサルティング、ファシリテーションスキル向上のための人材育成などを行っています。実践の一部をご紹介します。

- 行政が作った企画を実行していた地域の介護予防グループでは、どのような活動を実践したいかを話し合う場を設けました。そのグループは、この会議で主体性が引き出され、今では地域の特性を生かし、自ら企画・運営をするグループになっています。
- 放課後児童室を運営する運営者（市民）同士の話し合いでは、お互いの情報共有を促す話し合いを実践しました。結果、これまで現場の悩みや課題が集中していた行政への連絡が激減しました。
- 開かれた議会を目指し実施される議会報告会では、対立しやすい方式になっていたので方法を改め、子育て中のお母さんが子どもを連れて議員と語り合う現場を実現しました。
- 裾野市深良地区の地区計画策定にあたり、地域の人が語り合う場の進行を任されました。この地域には、長年「新しい駅をつくる」ことが掲げられていました。意見の対立がある少し難しいテーマでも、日本型ファシリテーションで「気楽に、楽しく、中身濃く」話し合うことができ、地域が自ら計画を策定するに至りました。
- 自治会長と行政幹部が懇談するまちづくりの懇談会は、市民が行政へ厳しい意見をぶつける場面が目立つ現場になっていました。席の配置や会場の雰囲気づくりなどを工夫し、従来の形式を改めたところ、市民と行政の相互理解が深まり、建設的な意見が飛び交う懇談会に生まれ変わりました。

これからの地方公務員に必須のスキル！

人口や世帯人数の減少に伴う自助の縮小、自治体財政の厳しさによる公助の縮小が進む中、地方公務員にとって日本型ファシリテーションのスキルの習得は必須であると思います。共助が求められる今後のまちづくりでは仕組みや制度だけでなく、共感や納得感が必要になるからです。住民の困りごとを解決したいと考える職員には、思い切って住民の中に飛び込んで一緒に考える環境をつくることをお勧めします。その際、日本型ファシリテーションが大きな力になるはずです。

実践事例③ 石川県金沢市
「子どもと大人が一緒に作る防災マニュアル」

「金沢ファシリテーターズ」を立ち上げ、日本型ファシリテーションを使った楽しい会議の実践を続ける、金沢市市民局市民協働推進課の南 志津さんにお話を伺いました。

子どもと大人が一緒に話し合う場

日本型ファシリテーションに出合ったのは５年ほど前のことです。当時はワークショップアレルギーみたいなものを持っていて気が進まなかったのですが、研修の最終回で実際の話し合いの場を体験し、参加者の笑顔を見て「これはとても良い！」と感動したことをよく覚えています。その後、研修の受講生の有志で「金沢ファシリテーターズ」を立ち上げました。全国に「楽しい話し合いの場」を増やすべく、まずはメンバーが活動を楽しいと思えるように取り組んでいます。

金沢ファシリテーターズの河村代表が館長を務める「金沢市立森山児童館」が主催で、児童館を利用している親子と子ども達、スタッフなどに参加してもらい、防災マニュアルを作る話し合いの場を実施し、コミュニティ防災士の資格を持つ金沢ファシリテーターズのメンバーが中心となって運営を行いました。

最終目標は、「すべての児童が災害を認識できるようになること」「有事の際に『自分の身を守る行動』『生き残るための行動』をとれるようになること」です。グループごとに「地震」「火事」「不審者」の中から災害を選び、それに対する防災マニュアルを作り上げました。

この話し合いの場のポイントは、「子どもたちを対話の場に参加させて、大人と一緒に語り合う場」であることです。最近は「高校生だけで語り合う」とか「小学生だけで語り合う」という実践が注目されていますが、日本型ファシリテーションの理念の１つである「いろいろな世代の人たちが一緒に語り合うことが大事」という考え方に基づいて、さまざまな年齢層を取り入れた話し合いの場を開催しました。

地域のことを話し合う現場では特に、女性や子どもたちの会議への参加、参加者が自由に意見を言えるような雰囲気づくりが地域コミュニティの活性化のために欠かせないと感じています。

結果、大人たちは、子どもと一緒に考えることで、大人だけでは気付けなかった新しい視点で地震・火事・不審者への対策を考えることができ、充実した時間となりました。また、防災という少し重いテーマではあったものの、子どもたちの笑顔で終始明るく前向きな雰囲気で話しあうことができました。

地域コミュニティの活性化につながった！

通常の会議では、声の大きな人や発言力のある人ばかりが意見を言い、自分の意見を言えない人が多いですが、日本型ファシリテーションのやり方なら、参加した人みんなが自分の意見を言うことができ、そして、グループで話し合うことにより個人の意見を超えたものが生み出されるのがとても面白いと思います。

金沢市では、地域コミュニティ活性化のために日本型ファシリテーションを活用しています。地域にはいろいろな方が住んでおり、意見もさまざまですが、この「楽しい話し合いの場」に参加された方からは「普段話すことがない人と話せて楽しかった」「地域の魅力に気付いた」「自分が住んでいる地域がもっと好きになった」という感想をいただいています

金沢市での実践はまだそれほど多くはありませんが、日本型ファシリテーションは間違いなく地域コミュニティ活性化の一助になると実感しています。ぜひ多くの自治体に広まってほしいです。

実践事例④ 三重県亀山市「地域担い手育成研修」

市民と行政の協働で行う「地域担い手育成研修」について、行政として研修に関わる亀山市生活文化部まちづくり協働課地域まちづくりグループの職員の方にお話を伺いました。

気楽に！ 楽しく！ 中身濃く！

地域課題の解決に向け、地域の特性を活かした様々な活動を展開するため、平成 28 年度までに亀山市内の全ての地区において「地域まちづくり協議会」が設立されました。この協議会は、地域住民や各種団体で組織された、様々な活動のための話し合いを行う合意形成の場です。しかし、「地域活動の担い手となる人材が不足している」「一部の役員や長老の意見が強く、若い人たちなどの声が反映されにくい」などといった課題がありました。

そこで、市と市内 22 地区の協議会の会長で構成された「亀山市地域まちづくり協議会連絡会議」が協働で、協働のまちづくりや会議ファシリテーションのスキルを学び、各分野のリーダーや地域全体をまとめるリーダーなどの担い手を育成することを目的とした「地域担い手育成研修」を平成 28 年度から開催しています。

この研修では「気楽に！ 楽しく！ 中身濃く！」をモットーに、参加者には「① 自分ばかり話しません」「② 頭から否定しません」「③ 楽しい雰囲気を大切にします」の３つのルールを伝えています。

研修中は全員が笑顔になるような工夫や積極的な拍手を行い、会場全体の雰囲気を明るくすることに特に力を入れています。また、付箋を用いて意見交換を行うなど、全ての参加者が気軽に意見を言えるよう日本型ファシリテーションのスキルを活用しています。

研修を開催していて、日本型ファシリテーションを用いることにより、従来の堅苦しい会議の場よりもずっと、参加者が気軽に自分の意見を言えるようになったと感じます。22地区の地域まちづくり協議会の中には、全く新しい会議の手法に戸惑う意見もあったものの、「とても楽しかった」「ぜひまた参加したい」「自分の地域の運営や活動の参考にしたい」などといったポジティヴな意見が大多数を占めました。

少しずつではありますが、地域まちづくり協議会の会議で日本型ファシリテーションの手法を用いた事例も現れてきており、日本型ファシリテーションの有用性が認められてきています。

市民力・地域力が輝くまちづくり

さらに、研修を受講した有志の方々が「亀山ファシリテーターズ」として活躍されています。亀山ファシリテーターズでは、研修の補助や支援のほか、研修での学びを活かした地域で開催されるサロン等への支援といった活動を行っています。「気楽に！ 楽しく！ 中身濃く！」のモットーを体現しながら、また、付箋を使った意見交換を行い、日々より良いサロンの開催のために研究・尽力しています。

これまで支援したサロンでは、「たくさんの前向きな意見が出た」「子どもも含めた参加者全員の意見を平等に扱うことができた」「会議の常連の参加者とそうでない参加者の間にも発言力の差が生まれないので、常連でない参加者からも好意的な意見が寄せられた」などの成果があり、開かれた楽しい対話の場を実現することができています。

このように日本型ファシリテーションを活用して、地域の人が気軽に語り合える場、楽しい対話の場を市内に広げていくことで、多くの住民の方々に活動に参加してもらうことができ、「市民力・地域力が輝くまちづくり」につながっていくと感じています。

地域の自治組織の会議運営等に悩まれている自治体があれば、一度「楽しい話し合いの場」を設けてみてはいかがでしょうか。

COLUMN

問題を会議だけで解決しようとしてはならない

問題が起きたとき、「じゃあ、会議を開いて解決しよう」という思考回路になってはいませんか？ 会議は「問題を解決する手段」ではなく、「問題を解決するための数ある手段のうちの１つ」に過ぎません。問題は話し合えば解決するような単純なものではなく、解決のためには、会議のほかに取り組むことがたくさんあり、むしろ、その具体的な取組みのほうが大事なのです。

問題を解決するための「究極の会議」、それは「事務机会議」です。問題解決のために、わざわざ日時と場所を決めて会議を開く必要はありません。そういう会議をやると必ず出るのが「その意見は現場を知らないから出る意見です」というセリフですが、実際その通りで、問題を解決するためには実態をよく知っていることが必要です。そして、実態を一番知っているのは誰かというと、その業務の担当職員です。

担当者同士、課題の解決についてあれこれと「自由に語り合う」ことで、現実に即した解決策が出てきます。同じ業務を担当している職員同士の事務机は大抵くっついていますよね。座って事務を行いながら、気がついたときに話ができる、私はこれを「事務机会議」と呼んでいます。この事務机会議が、問題解決の特効薬です。

この「事務机会議」のためには、「自由にものが言える雰囲気」をつくることが必要です。手軽で効果は大の事務机会議、ぜひもっともっと大切にしてください。

第 6 章

待ったなし！
今知っておきたい

Web
ファシリテーション術

これからの会議は
どうなるか

身近になったWeb会議

以前に比べWeb会議はぐっと身近になりました。これからは会議の方法にWeb会議という選択肢が入ることが多くなると思いますが、あくまで数ある会議の方法の1つと考えてください。

また、「働き方改革」の一環として「会議を見直そう」という動きが必ず出てきます。しかし、「リアルで集まる会議がうまくいかないから、Web会議にしていこう」などと、安易な発想で飛びつかないでください。何の準備もなしにWeb会議に取り組むと、効率重視で発言力の弱い人に優しくない、まさに「欧米型の会議」になります。

メリットの多いWeb会議ですが、デメリットも理解し、対策した上で取り組まないと、組織の弱い部分をさらに顕著にしてしまうことになりかねません。そこで、Web会議においても、まずは日本型ファシリテーションをしっかり学び、実践するようにしてください。本書では、このような「日本型ファシリテーションを活用したWeb会議」を「日本型Web会議」と呼びます。

また、Web会議の進行役を「Webファシリテーター」と呼びますが、Webファシリテーターも基本的な考え方はリアル会議のファシリテーターと同じです。しかし、Web会議ならではの進行の仕方があるので、本章ではそこも詳しく解説していきます。

Web会議ツール選びのポイント

Web会議のツールはたくさんの種類があり、全て試していては時間も手間もかかってしまいます。そこで、とりあえずオススメしておきたいのがZoomです。

Zoomをオススメするワケ

Zoomをオススメする理由は3つあります。1つ目は、「一般的に広く使われていて、使いやすい」からです。使い方がわからなくても、ネットで検索すれば解説がすぐに見つかります。

2つ目は、「使う際に登録がいらない」ことで、ここがとても重要です。Web会議のために情報登録をするのはかなり面倒で、参加者の負担が増え、Web会議のハードルが上がってしまいます。

なお、Web会議のホストは登録をしておく必要があります。また、3人以上で行う場合の時間制限や投票機能、共同ホストの設定などの有料会員限定の機能もあるので、主催者は有料会員登録をしておいたほうが良いでしょう。

3つ目は「話し合いをする上でとても便利な機能が揃っている」ことです。次にその機能のいくつかを簡単に紹介します。

① ブレイクアウトセッション機能

グループに分かれて話し合うことができます。グループ機能は、日本型Web会議において必須の機能です(詳細は134ページ参照)。

② ホワイトボード機能

現状、Web会議の多くは「口で話す会議＝空中戦会議」となっています。日本型ファシリテーションで大切にしている「意見の見える化」を実現してくれるのが、このホワイトボード機能です。

③ 画面共有機能

画面共有機能を使うことで、資料を参加者全員で見ながら話し合うことができます。これも、日本型 Web 会議に必須の機能と言えます。

④ チャット機能

Web 会議だと、どうしても話し合いに加わることのできない参加者が出てきます。そのような人にはチャットに書き込んでもらうことで、自分の思いを表現したり質問したりしてもらうことができます。

⑤ 投票機能

投票機能は、最後の結論を出す段階だけでなく、話し合いの途中で参加者の意見の傾向をつかむためにも気楽に使える便利な機能です。なお、有料会員限定機能なので注意してください。

⑥ 反応ボタン

Web 会議では参加者の反応がわかりにくいのが難点です。そこで、「反応ボタン」の出番です。何か思ったとき、その思いに対応する「反応ボタン」を押すことで、自分の思いを表現することができます。

これらの機能は全て、下の画像のように、Zoom の画面の一番下に並んだボタンを押すことで使用することができます。

▶Zoomの機能ボタン

Web会議の環境整備

Web会議ではリアルの会議と違っていろいろな機材を使うため、環境整備という課題があります。実際、環境整備ができていないために、うまくいかないということが多々あります。

Web会議で揃えておくべきもの

Web会議を始めるにあたって必要なものは、次の3つです。Webファシリテーターはもちろん、参加者にもこれらの用意をしてもらえるよう、手筈を整えましょう。

• パソコン

タブレットやスマートフォンでもWeb会議の開催・参加は可能ですが、落ち着いて話し合うためには、やはりパソコンを使うことをオススメします。また、タブレットやスマートフォンでは、全員の様子を1つの画面でまとめて見ることができないため、Webファシリテーターは特にパソコンを使用するようにしてください。このように、パソコンとタブレット・スマートフォンとでは、使える機能に微妙な差があり、全員で同じ動作ができないこともあります。参加者にも、できるだけパソコンでアクセスしてもらうように伝えておきましょう。

• インターネット環境

人によってインターネット環境が異なることが難しい点です。参加者にはあらかじめインターネット環境の整備をお願いしておきますが、それで対応するのにも限界があります。ネット環境のトラブルが起きれば、各個人が対応しなければなりません。

そこで、話し合いの進行係であるWebファシリテーターとは別に、ネットに詳しい人に「オペレーター」の役割を依頼しておきます。Web会議は、このオペレーターとWebファシリテーターの二人三脚で行っていくようにします。参加者にはあらかじめオペレーターの連絡先を伝えておき、何かトラブルが起きたときにはオペレーターが対応に当たります。そして、一番大切なことは、ファシリテーター自身のネット環境が万全に整っていることです。できれば、無線だけでなく、有線での環境も予備として用意しておくようにしてください。

• マイクとカメラ

ノートパソコンやスマートフォン・タブレットの場合には、大体マイクやカメラの機能が備わっていますが、デスクトップ型PCなどマイクやカメラの機能が付いていない機器は、事前に外付けのマイクなど機材を揃える必要があります。Web会議を始める前に、カメラとマイクが備わっているか、参加者の環境をチェックしておきます。

仮想背景を使うときの注意

Zoomには「仮想背景」という、好きな写真等を背景として映しながら会議に参加できる機能があります。この機能により、自宅の様子が画面に映ってしまうことなどを避けることができます。

しかし、仮想背景を使うと、資料を手に持って見せながら話をする際、角度によっては画面に写らないということが起きます。日本型Web会議では、A4の紙に自分の意見を書いて皆に見せることを大事なスキルとして位置付けています。そのため、Web会議では極力、仮想背景は使わないようにすることをおすすめします。

Web会議の始め方

Zoomを使った話し合いは簡単にできます。「まずは、Zoomのいろいろな機能を学んでから……」ではなく、まずは、とりあえずやってみてください。顔を見ながら話すくらいならすぐにできます。

Zoomを使ったWeb会議の始め方

Zoomを使ったWeb会議の一番簡単な始め方を紹介します。次の手順は主催者がやるべき手順であり、参加者には必要ありません(参加者は主催者から送付された招待URLをクリックするだけで参加できます)。また、ここではパソコンでの手順を紹介します。

■ Zoomを使ったWeb会議の始め方

① Zoomのトップページ(https://zoom.us/jp-jp/meetings.html)内の「サインアップは無料です」というボタンから、メールアドレスとパスワードの登録を行う。その後、案内通りに進めていき、Zoomのアプリをダウンロードする

② ①でダウンロードしたアプリを開き、サインインをする

③「新規ミーティング」ボタンをクリックすると、ミーティングが開始される。ミーティング画面下部の「参加者」アイコンをクリックすると参加者一覧が表示される。その一覧の下部の「招待」アイコンをクリックする

④「招待のコピー」をクリックすると、Zoomミーティングの招待URLがコピーされるので、これをメールに貼り付けるなどして参

加者に送付する
⑤ 参加者はURLをクリックするだけで、話し合いに参加できる

ブレイクアウトセッションを有効にする

参加者をグループに分けるブレイクアウトセッションを使うには、あらかじめ機能を有効にしておく必要があります。初期設定ではオフになっているので気を付けてください。手順は以下の通りです。

■ブレイクアウトセッションの有効化

① Zoomのトップページ（https://zoom.us/jp-jp/meetings.html）にアクセスし、サインイン（サインイン済みの場合には「マイアカウント」をクリック）
② 設定をクリック
③ 設定内ミーティングの項目の中に「ブレイクアウトルーム」があるので、オンにする

そのほか、同設定画面で「待機室」「チャット」「投票」「画面共有」「ミーティングリアクション」「参加者が自分の名前を変更することを許可」がオンになっていることを確認しておきましょう。

また、オペレーターがいる場合は、設定の「共同ホスト」もオンにし、オペレーターもホストとして設定できるようにします。

Web会議の本質

Web会議は本質を理解した上で活用することが大切で、理解しないまま導入するとただの自己満足で終わってしまい、会議の本来の目的である「組織の活性化」にはつながりません。

発言力の差が顕著になるWeb会議

Web会議の根本的な問題点は「欧米型」の会議手法であるという点です。つまり「主体性のある人の集まり」もしくは「気心が知れた仲間同士」向きの会議であるということです。**Web会議では発言力の差が顕著に表れます。リアルの会議で発言のできない人は、Web会議ではますます発言ができなくなります。**また、雰囲気づくりがとても難しいため、リアルで良い関係性を築けている仲間同士でなければ、難しいものがあります。この点を理解した上で、Web会議という手法を使うかどうか検討してください。

実際の現場を見てみると、リアルの会議では発言できていた人でさえ、Web会議になると発言できないということが起きています。

「主体性がある人の集まり」でも「気心が知れた仲間同士」でもなく、それでも諸事情によりWeb会議という手段をとらなくてはならない場合、これらのWeb会議の本質を踏まえた上で、しっかりとした対策（日本型ファシリテーション）を取らなくてはなりません。この対策については、次項で解説します。

リアルの会議でダメなら、Web会議もうまくいかない

Web会議には経費や手間が省けるといったメリットはありますが、リアルの会議より、雰囲気づくりが難しい、発言しにくいなどの点で難しいものです。「リアルの会議でうまくいった試しがないけど、Web会議ならうまくいくかも」なんていう考えはもってのほかです。

Web会議のスキルだけを学んでいても、会議をうまく進行することはできません。基本的な会議の知識やスキルを学ぶ必要があります。Web会議を行うにあたっても、1～5章で説明してきた会議の基本を理解した上で臨むようにしてください。

大人数には向かない

「Web会議は大人数でも開催できるところが良い」という評判を耳にしますが、それは大間違いです。リアルの会議に比べて「発言しにくい」ことが、Web会議のデメリットです。Web会議では1人ずつしか話ができないこともあって、大人数になればなるほど発言しにくくなります。ですから、リアルの会議よりも少人数で行うようにしましょう。

人間関係を築きにくい

日本型ファシリテーションを用いた会議では、参加者がグループのメンバーと一緒に話し合うことで一体感が生まれ、良い人間関係が育まれます。Web会議の場合、リアルの会議に比べて人間関係の構築がしにくいことが問題です。意見を交わし合うだけではなく、時間と空間を共有し「一緒に考えた」という感覚が人間関係をつくります。Web会議の場合、そのような一体感をつくり出すことができないため、参加者間の人間関係を築きにくいのです。Web会議は、人間関係という土台ができている状態で始めることをオススメします。

Webファシリテーター 5つの心得

Webファシリテーターは、Web会議をスムーズに進めるため、ここで紹介する「Webファシリテーター５つの心得」をしっかりと守るようにしてください。

心得①　基本の会議のファシリテーションを学ぶ

リアルの会議もWeb会議もどちらも会議であり、ベースとなるテクニックは同じです。繰り返しになりますが、Web会議を行う際、Web会議のテクニックだけを学ぶのではなく、まずは、基本となるリアルの会議のファシリテーションをきちんと学ぶことが大切です。

また、Web会議では特に「ファシリテーターが指示を出して、話し合いを仕切ろうとしてはならない」点が重要です。Web会議では、リアルの会議以上にファシリテーターの存在感が大きくなり、参加者に頼られがちです。そのため、ファシリテーターの「自分が指示を出して話し合いを仕切ろう」とする意識が強くなる傾向があるので要注意です。

さらに、「ファシリテーターだから、意見を要約して進めるべき」という思い込み、これもWeb会議では特にいけません。ファシリテーターは、要約するのではなく「ここまでの話し合いの流れを要約するとどうなりますか？」と問いかける役割です。「ファシリテーターが要約をすることは、参加者の主体性を奪うということ」と肝に銘じてください。

心得②　率先して笑顔を見せる

すでに述べたとおり、Web 会議のデメリットに「雰囲気をつくることが難しい」ということがあります。リアルの会議の場合、雰囲気をつくるために打てる手はいろいろとありますが、Web 会議の場合はできることが限られています。そんな中、Web 会議でもできる貴重な雰囲気づくりの手段が、「ファシリテーター自身が、明るく前向きな雰囲気でいること」です。ファシリテーターの雰囲気が場の雰囲気をつくります。

そして、そのために最も大切なのが「ファシリテーターの笑顔」です。実は、笑顔は練習で身につきます。Web ファシリテーターは、Web 会議の前には鏡を見ながら笑顔の練習を繰り返し行ってください。さらに、Web 会議では自分の顔を見ることができるので、進行をしながらこまめに自分の表情を確認するようにしてください。

心得③　リアクションを促す

Web 会議では、リアルの会議でやっているように「人の発言をじっと聞くこと」はオススメできません。実際は一生懸命に聞いているのに、画面には「銅像のように固まっている姿」しか映らないからです。動きがないと、「パソコンがフリーズしてしまったのかな」「ちゃんと聞こえているのかな」と心配をかけてしまいます。

そこで、話し合いの途中にできるだけリアクションをとるように、その都度、指示します。まず、話し合いのはじめに「リアクションは普段の２倍でお願いします」と話します。しかし、それだけでは足りません。話し合いの途中でファシリテーターが「共感した人は拍手をしてください」「わかった人は OK サインをお願いします」とリアクションを促すことが重要です。

リアクションに関しても、ファシリテーターが率先して、見本を示します。Web 会議ではオーバーリアクションなくらいが丁度いいです。

心得④　全員発言を目指す

本質的に「欧米型」であるWeb会議は、発言力の弱い人が発言できなくなるという大きなデメリットがあります。そのため、ファシリテーターはリアルの会議のとき以上に、全員が発言するような進行を心がけてください。具体的には、リアルな会議以上に「指名」をしても良いということです。そうしないと、発言力が強い人だけで話し合いが回ってしまうことになります。

一番怖いのは、発言力がある人だけで盛り上がっていた会議なのに、その会議が「盛り上がる良い会議だった」とプラスに評価されることです。盛り上がれば良いというものではありません。盛り上がりの影で、発言できずに沈黙していた発言力の弱い人を見逃さないようにしてください。

心得⑤　書き出させる工夫をする

Web会議では付箋を使って話し合うことが難しくなります。付箋の代わりに、紙に意見を書き出させるよう工夫してください。意見の書かせ方には2つあります。

① 自分の考えを1つにまとめて、A4の紙にサインペンで書いて画面に見せながら話す
② A4の紙に「思ったことを何でもいいのでたくさん」書き出す

②をメインにしたいところですが、Web会議では、そればかりだと書き出す機会が少なくなるので、①も随所に入れて進めます。

日本型ファシリテーションがWeb会議で一番大切にしていることがこの「書き出し」です。**書き出すことをしないと、極めて「口で話す会議」に近くなり、発言力の弱い人が発言できなくなります。**Web会議のときこそ、ファシリテーターはできるだけ「書き出す指示」をするように工夫して進行してください。

Web会議の準備①

すでに述べたとおり、Web会議の本質は、発言力のある人の集団に向いた「欧米型会議」です。この点を考慮した、「日本型Web会議」の具体的なスキルを紹介していきます。

目的によって方法は異なる

「日本型 Web 会議」の具体的なスキルを紹介に入る前に、まず、これから説明する２点を頭に入れておいてください。１点目は、「目的によって方法が異なる」ということです。

Zoomのようなツールを使う目的は「セミナー・講義」「飲み会・交流会」「会議・話し合いの場」の３つに大きく分けることができ、それぞれとるべき手法が異なります。 しかし、一般的な Web 会議のスキルは、目的別に分けておらず、手法がごちゃまぜになっています。

「Web 飲み会をやったら盛り上がった！」とよく聞きますが、だからといって「会議・話し合いの場」が同じやり方でうまくいくわけではありません。飲み会などは人間関係が元々良好か、人間関係をつくろうと積極的な人が集まるわけですから、特殊な集まりなのです。

また、「セミナー・講義」の場合は、様々な機能を活用した参加型セミナーなど、工夫された素晴らしい実践もありますが、やはり、会議のようにお互いに意見を出し合って詰めていくという趣旨のものではありません。また、「セミナー・講義」の場合は大人数でも開催できますが、すでに述べたように、会議については「Web 会議なら大人数でできる」と考えるのは間違いで、リアルの会議以上に人数を絞ったほうが濃い話し合いとなります。なお、本書で紹介するのは「会議・

話し合いの場」におけるスキルです。

参加者によって方法は異なる

２点目は、すでに述べたとおり、**参加者が「主体性がある人の集まり」もしくは「気心が知れた仲間同士」か、そうでないかで大きく違ってくる**という点です。

「主体性がある人の集まり」もしくは「気心が知れた仲間同士」の場合、良い雰囲気が最初からできており、参加者も自分から発言します。しかし、そうでない場合、まずは「雰囲気づくり」や「発言を促す」ところから始めなければなりません。

一般的な Web 会議のスキルは、大体、参加者が「主体性がある人の集まり」もしくは「気心が知れた仲間同士」であることを前提としています。Web 会議がうまくいかない原因のほとんどが、この前提条件を満たしていないからです。なお、リアルの会議でも、「どういう参加者の集まりか」という視点が大切です。

参加者が事前に徹底すべき７つの事項

それでは、日本型 Web 会議の具体的な進め方について説明していきます。

まず、スムーズに会議を進めるためには、「参加者が事前に徹底すべき７つの事項」をきちんと告知しておくことが重要です。会議の２日前には告知しておきます。その際、できれば会議資料も一緒に送っておきます。当日「共有画面」で資料を見せることもできますが、各自でプリントアウトしてもらい、出力したものを見ながら話し合うほうが便利だからです。

「参加者が事前に徹底すべき７つの事項」は次のとおりです（Web 会議を導入するのに適したツールである Zoom を使うことを想定しています）。

■参加者が事前に徹底すべき7つの事項

① 会議開始時間の10分前には、招待URLからZoomミーティングのルームに入り、接続を確認する。その際、ビデオも音声もオンにしておく（ミュートは切っておく）

② 名前を「（名前）（住んでいる地域）」に、変更しておく（例「釘山健一　愛知県岡崎市」）

③ 接続できなかったときのために、オペレーターの連絡先を伝えておく

④ A4の紙（スケッチブックなど）、出力した資料、黒のサインペン、お茶とお菓子を用意する

⑤ 接続トラブル等緊急事態への対応のため、携帯電話はそばに置いておく

⑥ 会議中に、私的な用事が入らないように段取りをしておく（家族と同居の場合、家族に「○時までは大事な会議中」だと伝える、部屋の扉を閉めておくなど）。また、どうしても余計な音が入るときはミュート（消音）にする

⑦ 映っても大丈夫なように、身の回りを整理しておく。できるだけ、Zoomの背景機能は使わない（132ページ参照）

①について、Webセミナーや講演等では「音声はミュート」が基本となっており、会議でも開始前にミュートにしていることが多いようですが、日本型Web会議の場合は逆です。会議の開始前に雑談をしているほうが楽しい雰囲気づくりに役立つからです。

なお、参加者がどのくらいWeb会議に慣れているかによっても、告知すべき事項は変わってきます。ここで紹介した事項は、初心者を想定した事項です。実態に合わせて、工夫するようにしてください。

Web会議の準備②

会議の開始直前に何を行うかが重要です。ここで場の雰囲気をつくったり、基本的な操作を確認したりします。これをちゃんとやるかやらないかで、話し合いの質が大きく違ってきます。

会議の開始直前に行う５つのこと

会議の直前（10分前）に行うべきことは、雰囲気づくりです。Web会議にはいろいろな制限があり、場の雰囲気を創ることが非常に難しくなっています。Web会議では、ミニゲームやクイズといったアイスブレイクを行うのではなく、**次に紹介する５つのことをしっかり実践することがアイスブレイクの役割を果たします。**

●挨拶を徹底する／声を出してもらう

ファシリテーターがZoomに入室する際や誰かが入室した際、「こんにちは」などとしっかり声を出して挨拶をするようにします。ファシリテーターが率先することで、全体に挨拶の習慣をつけます（「手を軽く振るなど、何か動きをつけながら入室するのが良い）。さらに、入ってきた人に「○○さん、聞こえますか？ マイクチェックをしたいので一言お願いします」「今日のお菓子は何を用意しましたか？」などと話しかけ、声を出してもらいます。

●リアクションの練習をする

前項で述べたとおり、Web会議ではリアクションがとても大切です。皆でリアクションをとりながら話し合うことで、一体感が生まれます。リアクションとは「うなずく」「拍手」「指でOKサイン」「挙手(手を振る)」など、そして、一番のリアクションが「笑顔」です。

Web会議のあるあるに、「マジメにじっと聞いているのに、興味がないように見えてしまう」というものがあります。それを防ぐために、意識して「少し」動くようにします。特に誰かの話へのリアクションが大切です。「いつもの2倍のリアクションでお願いします」と指示します。

この大切なリアクションを、会議の開始直前(10分前)の時間でしっかりと練習します。また、次の「2つの必須機能」を使う練習も行ってください。

① 反応ボタン

(例) 「今から名言を言うので、いいなと思ったら、『拍手』の反応ボタンをクリックしてください」と言って、「明日死ぬかのように生きよ。永遠に生きるかのように学べ(ガンジー)」など、名言を言う(実際に拍手をしてもらうとさらに良い)。

② チャット

(例) 「今からイラストを見せます(共有画面で見せる)。これは何の絵でしょうか? チャットに答えを書きこんでください」と言って、チャットを使ってもらう。チャットに答えを書いた人には反応ボタンを押してもらう。

チャット機能の使用は参加者の積極的な姿勢を示すことにもなり、とても良いことなのですが、チャットで個人的な会話をしないように約束しておきます。

・じゃんけんの練習をする

じゃんけんは、場を和ませる最高のツールです。ですが、Webだと微妙なタイムラグがあり、うまくじゃんけんができないことがあります。そこで、**「一度出したら、勝敗がはっきりするまで動かさない」**というルールにします。タイムラグのせいで相手が後出ししたように見え、一度出した手を引っ込めてしまうということが多々あるからです。このルールを参加者に伝え、事前に練習しておきます。

・画面映りの確認をする

画面が暗く、顔がよく見えないことがよくあります。仕方がない面もありますが、少しでも明るくなるように工夫してもらいます。窓を背にすると逆光になることがあるので、そこも気をつけましょう。画面の明るさが、場の雰囲気の明るさにもつながります。Web 会議をよく行うということであれば、そんなに高価なものではないので、各自で Web 会議用の照明を買ってもらうようにするのも良いでしょう。

また、カメラの位置が低すぎるということもよくあります。その場合には指摘して、パソコンの下に本を敷いて高さを出すなど工夫をしてもらいます。

・お菓子と飲み物を勧める

「自由に飲んだり食べたりして、くつろいでください。でも、おせんべいを食べるときはミュートでお願いしますね」などとお菓子と飲み物を勧めることで、場の雰囲気が和みます。

お菓子は無理という場合でも、飲み物の用意はしてもらうようにします。Web 会議はリアルの会議の倍疲れます。少しでもリラックスしながら参加してもらえるように工夫することが大切です。

また、お菓子や飲み物は、Web 会議でも雰囲気づくりにもってこいです。はじめに「皆さん、今日のお菓子は何ですか？ 見せてください」などと指示をして、見せ合うと盛り上がります。

なお、リアルの会議では、会議の始めの自己紹介や近況報告で盛り上がりますが、Web 会議では、リアルの会議のように、ワイワイガヤガヤと自己紹介している人の話にコメントしたり、反応したりすることがやりにくく、盛り上がりにくいものです。Web 会議では「順番に自己紹介していく」ことが、逆に堅い雰囲気をつくることもあるので、気をつけてください。

Web会議の進め方

Web会議の進行について説明します。このとき「主体性がある人の集まり」もしくは「気心が知れた仲間同士」の場合とそうでない場合とでは進め方が異なります。

書き出させることで誰も取り残さない

「発言力の差がある集まり」や「あまり主体的でない人の集まり」の場合、口で話す会議ではなかなか発言が出ないものです。そこで、Web会議でも日本型ファシリテーションの基本である「最初に何でもいいから紙にたくさん書き出す」ことから始めます。

テーマに沿って意見やアイデアを紙に書き出す時間をとります。リアルの会議でもそうですが、はじめから「ご意見がある方はお願いします」と指示してはいけません。この指示により、発言力がある人が発言を始めてしまい、発言力のある人中心で会議が進むきっかけをつくってしまうからです。日本型ファシリテーションの基本である、「紙に書かせる」ところから始めます。

一般的なWeb会議でも「パネルに1つに絞った自分の意見を書いて、それを見せ合う」ことをしていますが、実はこれは欧米型です。日本型Web会議では、「何でもいいのでたくさん書き出す」ようにします。具体的にはA4の紙（参加者が事前に各自で用意する）に、テーマについて思うことを「何でもいいのでとにかくたくさん」書き出してもらいます。そのとき、Webファシリテーターは箇条書きで書くように指示します。

発言力の弱い人は、この作業により頭が整理され、自分の意見を持つことに繋がります。

▶要約パネル

チャットと要約パネルを活用する

「主体性がある人の集まり」もしくは「気心が知れた仲間同士」の会議で、全員発言は心配ないということなら「口で話す会議」でも構いません。ただし、「口で話す会議」でも、議論の空中戦にならないような工夫は必要です。つまり、話し合いで出た意見を書き出し、それを皆で見ながら話し合うということです。

そのためにオススメの機能が Zoom の「チャット機能」です。まずは、チャット係を決めておきます。**全員チャット画面を開くように指示し、チャット係が発言をどんどんチャットに書き込むことで、「会議の見える化」が実現します。**これは、リアルの会議の「板書」と全く同じです。しかし、チャットには、書き込みがどんどん流れて消えてしまうという難点があります。

そこで、それまでの話し合いをスケッチブックにまとめた「要約パネル」も併用して、履歴を残すようにします。要約係を決め、**要約係は話し合いの合間合間に要約パネルを作成し、皆に見せて確認していきます。**このとき、イラストもあると楽しい雰囲気になるでしょう。この「チャット」と「要約パネル」の2つを使うだけで、見違えるような話し合いになります。

グループに分かれて話し合う

次に、グループ（1グループ3～4人）に分かれます。参加者が6人以上の場合、グループでの話し合いが必須です。Zoomの「ブレイクアウトセッション」のように、グループ機能のあるWeb会議ツールを使うようにしてください。

グループに分かれたら、まず、グループの話し合いの「進行役」をじゃんけんで決めます。じゃんけんで勝った人が進行役です。進行役を中心に次のように進めていきます。

① グループ内で、書いた意見を見せながら順番に発表する
② 一通り発表が終わったら、グループで自由に話し合う
③ 話し合いながら、それぞれ自分の意見を1～2つに絞り、A4の紙に大きく書き出す
④ 絞り込んだ意見を見せながら、グループの意見をまとめていく
⑤ グループの意見が1～2つにまとまったら、進行係はスケッチブックに大きな字で書き出す
⑥ 全体発表の係をじゃんけんで決める（進行係を除く）
⑦ 全体発表の練習を簡単に行う

積極的に指名をして、全員に発言させる

⑦の後グループを解除して全体に戻り、次のように進めます。

⑧ グループごとに、⑤ の内容を発表する
⑨ 発表が終わったら、全体で自由に話し合う
⑩ 最後は投票あるいは多数決で決める

以上が基本的な流れです。

⑨では、指名して構いません。どうしても発言できない人もいるので、その場合は「○○さんは何かご意見はありませんか？」と指名してください。Web 会議では、リアルの会議以上に指名をするようにします。

なお、Web 会議の場合、どういう参加者が集まっているか、参加者が Web 会議にどのくらい慣れているか、そしてテーマによっても進め方が全く違ってきます。話し合いの進め方について、ファシリテーターだけでなく Web 会議に詳しい人やオペレーターも交えて考え、組織やテーマに合った進め方を工夫してください。

Web 会議での結論の出し方

Web 会議で結論を出すには、Zoom の「投票」機能が便利です。グループでまとめた考えを、各グループの代表にチャットに書き込んでもらいます。ファシリテーターはそれを投票の項目にコピー&ペーストし、投票を行います。このとき、リアルの会議と同じように「自分のグループには投票できない」というルールを適用してください。

リアルの会議より時間がかかるので、グループの考えを絞る際は3つではなく、1つか2つに絞ってもらいます。

▶Zoomの投票機能

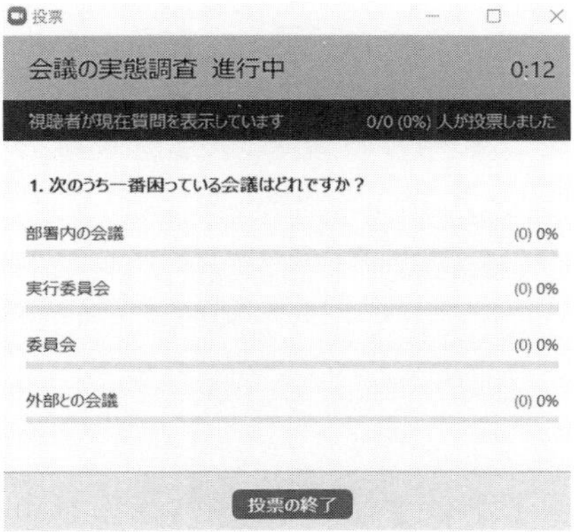

投票
会議の実態調査 進行中 0:12
視聴者が現在質問を表示しています 0/0 (0%) 人が投票しました
1. 次のうち一番困っている会議はどれですか？
部署内の会議 (0) 0%
実行委員会 (0) 0%
委員会 (0) 0%
外部との会議 (0) 0%
投票の終了

Web会議のグループワーク

発言力の差がある集まりやあまり主体的でない人の集まりで参加者が６人以上の場合は、グループで話し合う時間をもつようにします。ここではグループワークのポイントを紹介します。

１グループの人数は３～４人

Web会議ではリアルの会議以上に発言がしにくいため、１グループあたりの人数は、リアルの会議（４～５人）よりも少ない３～４人にします。それ以上の人数になると、「全員発言」のためにグループをつくっているのに、発言できない人が出てしまいます。

ただし、この人数は参加者の人間関係によっても変わってくるので、ケースバイケースで対応してください。

グループの数は３～４グループ

グループの数は３～４グループ（３グループを推奨）とします。３～４グループと聞くと、少なく感じる人も多いと思います。

リアルの会議なら、会場の前に立って全体を眺めれば各グループの様子がつかめますが、Zoomのグループ機能を使う場合、グループごとに分離され、ファシリテーターは同時に複数のルームに入ることはできません。その都度、グループを選択して切り替えながら、１つずつグループの様子を見ていくことになります。そのため、グループの数が多いとフォローしきれなくなるのです。

参加者が、ファシリテーターがいなくても話し合いをすることができるようなメンバーなら、グループがたくさんあっても構いませんが、そうでない場合、グループに分かれたあともファシリテーターが各グループを回り、適切な指示を出していくことが非常に大切です。

1グループあたり3～4人で3～4グループ、つまり、参加者の人数は最大で16人となります。このことからも、Web会議は「大人数でできる」性質のものではなく、逆に「リアルの会議より人数を減らすべき」であることがわかります。

グループワークでのWebファシリテーターの役割

Webファシリテーターは、各グループを回りながら次のことを行います。

・ほかのグループの様子を伝える

Zoomの場合、グループに分かれると自分のグループの画面のみが表示され、ほかのグループの様子は全くわからなくなります。これがリアルの会議と大きく違う点です。

そこで、Webファシリテーターの大切な役割の1つは、ほかのグループの様子を伝えることです。特に、ほかのグループの話し合いで真似してほしい良い例があればどんどん伝え、話し合いのクオリティーを上げるようにしていきます。

・各グループに適切な指示を出す

Webファシリテーターは、各グループの話し合いの様子を見て、直したほうが良い点を指摘したり、良い点をほめたりするなど、話し合いが元気になるような指示出しや声かけをします。

実際には、1つのグループにあまり時間をかけられず、話し合いの様子を見ている時間はほとんどないので、Webファシリテーターには短時間で話し合いの質を見抜く力が必要とされます。

・話し合いの進捗管理

Webファシリテーターの一番大切な役割は、各グループの話し合いの進捗管理です。

グループでの話し合いは大体時間が足りなくなるので、急がせることになります。その際、「ほかのグループと比べて、このグループは少し急いだほうがいいですね」という言い方で急がせてください。「このグループは話し合いが遅いですね」と言うと「じっくり考えているからです」と切り返されることがあるからです。

特に話し合いの後半では、頻繁にグループを回って急ぐように指示し、どのような話し合いをしたら短い時間でできるか端的に助言します。参加者がグループの話し合いにまだ慣れないうちは、話し合いが速いグループの良いところを見抜いて、それをほかのグループに伝えることを心がけてください。短時間で現状を見抜き、指示を考えることが必要とされるという点でも、Web会議のファシリテーションはリアルの会議以上に難しいと言えます。

・グループへの一斉指示はブロードキャスト機能で

Zoomのブレイクアウトセッション中は、「声で」全グループに一斉指示を出すことはできません。これもリアルの会議の場合とは違う点です。ただし、Zoomの「ブロードキャスト」機能を使えば、「文字で」全グループに一斉指示を出すことができます。

これは、書き込んだ内容が、各グループ画面の上部に表示される機能です。とても便利な機能なのですが、表示時間が短くすぐに消えてしまうので、事前にブロードキャスト機能について説明し、気をつけてもらうようにする必要があります。

感染防止のための10の注意事項

2021年1月現在、コロナウイルスへの対策が求められています。以下のポイントを押さえることで、極力、感染リスクを抑えた安全な会議が開催できます。

感染症拡大防止の10のポイント

感染症対策としては、次の10のポイントをしっかりと押さえるようにしてください。なお、後日、会議の出席者から感染者が出たことが判明した場合には、速やかに他の出席者に連絡を取り、状態を確認します。場合によっては、保健所等の公的機関に連絡をとります。

また、新型コロナウイルスを巡る状況は、日々刻々と変化します。会議の運営にあたってはアンテナを張り、最新の情報を仕入れ、適した行動をとるようにしてください。

① 換気の徹底

会場の窓が開閉できることを、事前に確認しておいてください。当日は窓を全て開けっ放しにしておきます。難しい場合も、最低でも30分に1回は数分間窓を開け、空気の入れ替えを頻繁に行います。

② 消毒の徹底

会場入り口に消毒液を設置し、会場に入る際は必ず手指の消毒をしてもらうように呼びかけます。また、開場前にテーブル、椅子等は殺菌シートで拭き上げておきます。消毒液と殺菌シートはたくさん準備しておくようにしてください。

③ 全員のマスク着用義務化

事前に、参加者全員のマスク着用をお願いしておきます。もちろん、運営側も徹底するようにしてください。

④ 人数制限

参加者の人数はできれば12人以下、多くても20人以内に抑えます。１グループあたりの人数は４人以内にします。

⑤ 広い会場の確保

できるだけ広い会場を確保するようにします。普段の会議会場よりも２～３倍程度広いと良いでしょう。

⑥ 無理して出席しないように伝える

事前に、体調が悪い人や身近な人が２週間以内に体調を崩した人は欠席してもらうように伝えておきます。これが最も大切です。

⑦ 感染防止確認表の活用

巻末に「感染防止確認表」を掲載しています。**この表を、当日記入してもらうのでは手遅れです。**意識付けのため、事前に参加者に送っておきます。会議開催の２日前には送るようにします。当日に受付で記入するのではなく、事前に記入してもらい、当日は提出するだけにしてもらうよう伝えます。そして、「項目のうち、どれか１つでも当てはまる場合は、参加をご遠慮ください」とはっきり伝えておくことがとても大切です。

⑧ 検温をする

37.5℃以上の人がいれば、心苦しいですが、欠席してもらうよう伝えます。37.5℃未満37℃以上の場合は、平熱や健康状態を確認します。そして、事前に「当日、受付で検温をする」ことを伝えておき、意識付けしておくことが大切です。また、運営側もしっかり検温するようにしてください。

⑨ 飲食物は用意しない

飲み物は各自で持参してもらいます。その代わり、花を飾る、資料を工夫するなど、机の上が楽しくなるような工夫をします（ただし、対策を徹底したうえで準備しておく分には構いません）。

⑩ グループ分けをする場合の机や椅子の配置の工夫

対面にならないようにし、グループ同士の間隔も広めに取ります（写真参照）。講師と最前列の受講生の間も十分に空けましょう。

▶感染症防止に配慮した机の配置

感染防止確認表

氏名：

住所：

TEL　：

「感染防止確認表」へのご記入に、ご協力をお願いします。事前にご記入いただき、当日受付にてご提出ください。ご協力いただけない場合やチェックのつかない項目が１つでもある場合は、参加はご遠慮ください。

また、ご記入いただいた個人情報は、当会場から感染者が発生した場合、保健所等の公的機関に提供することをあらかじめご了承ください。なお、この用途以外には使用しません。この確認表は１か月後に適正に廃棄いたします。

□ 新型コロナウイルスの陽性者・濃厚接触者ではありません

□ 咳やくしゃみ、発熱など風邪の症状は出ていません

□ 強いだるさ（倦怠感）や息苦しさはありません

□ 味覚・嗅覚に異常はありません

□ 過去 14 日以内に、海外への渡航歴はありません

□ 同居の家族や身近な知人も、上記５項目に該当します

□ 下記「会場でのお願い」事項を確認し、遵守します

◆会場でのお願い

・研修中は、鼻と口を覆うようにマスクを着用ください

・こまめな消毒にご協力ください

・ソーシャルディスタンスを意識し、ほかの参加者と一定の距離をとるようにしてください

◆確認事項

２週間以内に、本人又は同居の家族や身近な知人が、県外への移動をしましたか。「はい」と答えた方は、よろしければ都道府県名や滞在日数など詳細を下記フォームにてお知らせください。【任意】

□ はい

□ いいえ

おわりに

私は、「公務員が日本の会議を変える！」と思っています。

公務員、特に行政職員には「まちづくりの会議」という民間企業にはない会議があります。この「まちづくりの世界」は、「ビジネスの世界」と同じくらい大きな存在で、「まちづくり」を担う職員やNPO、市民の活躍は、日本の社会に大きな影響を与えています。

また、私は「ビジネスの世界」も「まちづくりの世界」もどちらも体験してきました。21回転職し、うちビジネスマンとして約8年、「まちづくり」の世界では環境問題に取り組むNPOの専属スタッフとして約8年、そして、いま会議の専門家としてまちづくりに関わって14年目を迎えています。ビジネスとまちづくり、両方に関わってきた経験からも「公務員が日本の会議を変える！」と確信しています。

さて、私は転職21回失業3回倒産2回という経歴の中で、学校、民間企業、NPO、行政と様々な分野の会議を経験し、会議の事務局や議長を務める機会も多くありました。そして、2005年に開催された「EXPOエコマネー」という博覧会事業の事務局長を務め終え、新しい仕事に挑戦しようと思ったとき、こう考えました。「今度は、会議がない仕事にしよう」。そのくらい、会議に懲りていたのです。

ところが、独立して何をしようか考えたときに「会議は大嫌いだけど、会議のスキルは結構あるなあ」と、ふと気が付いたのです。それまで会議と関わる経験の中で、オリジナルな会議のスキルをたくさん編み出していたのです。これが「日本型ファシリテーション」の原点となっています。

独立後の1年間、ほとんど仕事がないときに助けてくれて、会議ファシリテーター普及協会の基盤を一緒につくったのが、現・会議ファシリテーター普及協会副代表の小野寺郷子さんです。小野寺さんには感謝してもしきれません。この場を借りて、御礼申し上げます。

「人に優しい会議が、人に優しい社会をつくる」
「遊び心が社会を変える」
この２つがMFA(会議ファシリテーター普及協会)のミッションで、日本型ファシリテーションの目指すところです。
本書が少しでも日本の公務員の元気につながり、そして「人に優しい、元気な社会」になっていくことを願っています。

2021年１月

一般社団法人
会議ファシリテーター普及協会
代表理事 釘山 健一

●著者紹介

釘山 健一（くぎやま けんいち）

一般社団法人 会議ファシリテーター普及協会（MFA）代表理事。
数々の経歴を経て培った会議のノウハウをもとに、2006年「会議ファシリテーター普及協会」を立ち上げる。年間100本を超えるその講座は、具体的で決して眠くならないことで有名。著書に『「会議ファシリテーション」の基本がイチから身につく本』（すばる舎）など。
問い合わせ先：info@m-facili.net

公務員の会議ファシリテーションの教科書

2021年2月16日　初版発行

著　者　釘山健一（くぎやまけんいち）
発行者　佐久間重嘉
発行所　学陽書房
〒102-0072　東京都千代田区飯田橋1-9-3
営業部／電話　03-3261-1111　FAX　03-5211-3300
編集部／電話　03-3261-1112
http://www.gakuyo.co.jp/

ブックデザイン／スタジオダンク　DTP制作・印刷／精文堂印刷
製本／東京美術紙工

ISBN 978-4-313-15123-9 C0034

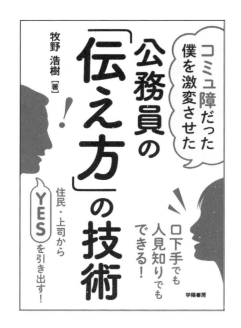